LA

MAIN DU DIABLE

CORBEIL, TYPOGRAPHIE DE CRÉTÉ.

LA

MAIN DU DIABLE

PAR

ALPHONSE KARR

PARIS

MICHEL LÉVY FRÈRES, LIBRAIRES

RUE VIVIENNE, 2 BIS.

1855

LA
MAIN DU DIABLE

A BELMONTET

I

Par une pesante soirée du mois de juillet, l'air était surchargé de nuages d'un gris cuivré, et si bas qu'en s'avançant lentement ils touchaient la cime des arbres, dont le feuillage frissonnait sans qu'il s'élevât le moindre souffle. De temps à autre un bruit lointain et sourd suivait un éclair à peu de distance.

Involontairement soumis à ce respect et à cet air d'attente que l'orage qui va éclater donne à toute la nature, trois hommes, enfermés dans une chambre, s'entretenaient à voix basse. Dans ces convulsions de la nature, l'homme tâche de se rendre petit et inaperçu, comme l'enfant qui, redoutant la colère d'un pédagogue, cherche à se cacher sous son banc.

— Mes chers messieurs, dit un des trois, dont les traits fatigués et la voix affaiblie pouvaient indiquer un profond chagrin et des veilles prolongées, vous êtes maintenant ma dernière espérance.

Tout ce que les autres médecins ont fait jusqu'ici à mon pauvre frère n'a réussi qu'à le faire souffrir davantage, et cependant je n'ai épargné ni peines ni argent; j'ai vendu tout ce que je possédais pour payer la médecine et les drogues, et je l'ai fait de grand cœur, car si mon pauvre frère meurt, comme il ne paraît que trop certain, mon plus grand chagrin sera d'être forcé de lui survivre pour nourrir sa femme et l'enfant dont elle va être mère. Je vous laisse seuls, messieurs, avec une excellente bouteille de kirschenwasser. Je vais retourner auprès de mon frère, voir s'il a besoin de quelque chose; avisez entre vous au moyen de le soulager, messieurs, et tout ce qui me reste sera à vous, et vos noms seront dans mes prières tant que mes lèvres pourront remuer, et mes mains se joindre, et mes yeux se tourner vers le ciel.

Quand les deux médecins furent seuls, ils se mirent à converser et à vider la bouteille de kirschenwasser.

Ceci se passait il y a cent cinquante ans, dans une maison de pêcheur sur les bords du Rhin, non loin des ruines du château d'Ehrenfels, en cet endroit où le Rhin, resserré et gêné par des rochers entassés, précipite ses flots avec une violence qui les fait bondir et écumer, tandis que de loin on l'aperçoit calme, bleu, limpide, promenant ses eaux entre deux rives vertes et fleuries. Près du château d'Ehrenfels, des écueils produits par des portions de rocher que le fleuve ébranle sans les pouvoir enlever, forment un tourbillon que les bateliers ne passent jamais sans se recommander à Dieu et à la Vierge, et où plusieurs ont péri [1].

[1] La main des hommes a rendu aujourd'hui ce passage beaucoup moins dangereux ; néanmoins, souvent encore, les bateliers avertissent les passagers de faire leur prière.

— Monsieur, dit un des deux médecins, croiriez-vous que j'ai une incroyable peine à tirer de l'argent de mes malades, et que je ne puis m'en faire payer qu'en productions de leurs champs? — Cela peut avoir son agrément, et je m'en trouve quelquefois très-bien. — Oui, mais, malheureusement pour moi, j'ai affaire à de maudits vignerons. Pour comble de malheur, la récolte de l'an dernier a été très-abondante, de sorte que j'ai reçu plus de vin que je n'en pourrai boire dans toute ma vie. — Quoique, mon cher confrère, je vous en aie vu parfois vider un certain nombre de bouteilles, et avec une parfaite résignation. — Je ne me prétends pas plus ennemi du vin que doit l'être un bon Allemand, mais la récolte de l'an dernier a été si abondante que personne ne veut plus en acheter. — C'est un heureux hasard qui vous a poussé à me parler de cet embarras, mon cher confrère; j'ai besoin de vin, et nous pourrons facilement nous arranger pour faire un échange. Vous m'avez parlé, il y a quelque temps, de l'envie que vous auriez de trouver un cheval doux et robuste à la fois. Je serais assez porté à me défaire de mon cheval bai. Décidément, c'est un luxe que ma fortune ne me permet pas, d'avoir ainsi deux chevaux dans mon écurie. — Cet arrangement me conviendrait assez. Quel âge a votre cheval ? — Il prend sept ans. — Vous me répondez de sa douceur, confrère ; vous savez que je ne suis pas cavalier, et vous ne voudriez pas vous servir de ce moyen pour avoir ma clientèle. — Je le laisse monter par ma femme et par mes enfants, ainsi vous pouvez être parfaitement tranquille. — Pour votre cheval, je vous donnerai deux pièces de vin. — Cela va, pourvu qu'il soit bon. — Le meilleur qu'on puisse boire. Pourvu que le cheval ne soit pas rétif. — Scellons le marché en buvant un verre de ce délicieux kirschenwasser. — Il va sans dire que vous donnez avec la selle et la bride. — Du tout, c'est un marché à part; cependant je vous les jouerai aux cartes contre cinq bouteilles de kirschenwasser, si vous en avez qui vaille celui-ci. — Tope ! Il est fâcheux que nous n'ayons pas de cartes ici.

A ce moment Wilhem entra.

Il était encore plus abattu qu'à son départ.

— Messieurs, dit-il, mon pauvre frère souffre

encore davantage; de grâce, dites-moi ce que vous pouvez avoir imaginé pour le soulager.

— Monsieur Wilhem, dit un des deux médecins, après avoir examiné attentivement, et avec les lumières que peuvent nous donner la science et l'expérience d'une longue pratique, nous avons décidé qu'il fallait faire boire à votre pratique une infusion de cochléaria. — Dans laquelle, dit l'autre, vous mettrez trois gouttes de laudanum. — Voici le laudanum et le cochléaria. — Vous pensez donc, messieurs, que cela le soulagera ?— Sans aucun doute.

Wilhem paya les médecins nomades, et se hâta de préparer leur ordonnance, puis de la faire prendre à son frère ; elle ne produisit aucun résultat, et Richard laissait échapper des cris aigus. Wilhem, de désespoir, se frappait la tête contre la muraille.

— Mon Dieu ! disait-il, ayez pitié de mon pauvre frère, ayez pitié de moi ; ne m'enlevez pas mon bon, mon seul ami, lui qui a protégé mon enfance, m'a nourri, m'a élevé comme aurait fait une mère. Mon Dieu ! ayez pitié de lui, donnez-moi la moitié de ses souffrances, il en a plus qu'un homme ne peut en porter ; ou, s'il vous faut accabler une pauvre créature, donnez-moi ses douleurs tout entières, je les supporterai pour qu'il ait un moment de sommeil.

— O mon frère! mon Richard, que veux-tu! Oh! si mon sang pouvait te soulager! Ne te désespère pas, Richard, il est impossible que Dieu n'ait pas pitié de nous. — Wilhem, dit Richard, où est ma femme? — Je l'ai forcée de prendre un peu de repos. La pauvre femme a les yeux brûlés par les veilles. — Et toi aussi, mon pauvre Wilhem, tu dois être bien fatigué. Et Richard s'efforça d'étouffer un cri. — Comment, se dit Wilhem, Dieu ne m'entend pas; les cris de douleur de ce malheureux et les cris de mon cœur n'arrivent pas jusqu'à lui! Je ne puis résister davantage, je ne puis le voir souffrir. Que faire, qu'inventer? J'ai fait brûler des cierges dans l'église ; chaque jour on dit une messe. Tous les médecins, à dix lieues à la ronde, le sont venus visiter depuis trois semaines qu'il est sur son lit sans un instant de sommeil. Dieu est-il donc notre père?

Et comme Richard souffrait toujours, Wilhem

parut frappé d'une idée soudaine. Attends, mon Richard, dit-il, attends une heure seulement, et si je n'apporte pas un remède à tes douleurs, je tuerai toi, et moi, et ta femme, car c'est trop souffrir ; attends-moi. Il serra la main froide de Richard et s'élança dehors au milieu du vent et des éclairs qui sillonnaient l'air à de courts intervalles.

Il alla prendre son bateau, et se mit au courant. En passant près du *trou de Bingen*, ce tourbillon si redouté dont nous avons parlé plus haut, il allait, comme de coutume, faire une courte prière, d'autant que le vent soulevait les vagues plus que de coutume, et que ses sifflements, la lueur des éclairs et les éclats de la foudre qui déchirait les nuées, tout répandait dans l'âme une terreur mystique ; mais il était arrivé à ce point de désespoir, à ce point où l'on brave tout, parce qu'on croit avoir épuisé le malheur. — Et d'ailleurs, se dit-il, pourquoi prierais-je Dieu, qui ne veut pas soulager mon frère ? Il ne m'entend pas, et ce n'est plus en lui que j'espère ; ce qu'il ne veut pas m'accorder, je vais aller le demander au diable ; c'est lui seul que j'invoque, puisque Dieu m'abandonne. — En ce moment, un éclair brilla, la foudre presque aussitôt fit un bruit horrible au-dessus de sa tête ; la nuée était proche, il crut un moment que Dieu allait le punir de ses blasphèmes, mais son bateau passa entre les écueils malgré l'obscurité et le vent. — Au reste, dit-il, pourquoi entendrait-il nos blasphèmes, puisqu'il n'entend pas nos prières ! Le diable est d'un bon secours ; en l'invoquant j'ai passé le *Bingerloch*, où tant d'autres ont péri en implorant le secours de Dieu.

Et tout en suivant le cours de l'eau :

II

— Il est bien connu dans le pays que Henry, qui est allé s'établir à Mayence, n'est devenu si riche qu'en se donnant au diable, au carrefour de la forêt. Je sais que beaucoup sont incrédules, et soutiennent qu'on aurait beau appeler le diable pendant cent nuits de suite à tous les carrefours de toutes les forêts, il ne vous entendrait pas. Cependant, ce n'est pas une raison pour ne pas croire les choses, parce qu'on ne comprend pas; nous croyons bien au soleil, que personne ne comprend ; mais c'est un crime horrible que de se vendre au diable, et je frémis à la pensée de lui appartenir, quand je songe à tout ce qu'on dit des peines de l'enfer. Mais, mon frère, mon pauvre frère qui, lorsque j'étais enfant, travaillait pour me nourrir ! encore en ce moment il souffre, il crie ; il faut le soulager à quelque prix que ce soit, et, d'ailleurs, Dieu aura peut-être pitié de moi en voyant la cause qui me fait agir.

Quelle horrible tempête! continua-t-il, serait-ce un avertissement du ciel? Bah ! il s'occupe bien de nous, le ciel qui laisse souffrir le meilleur des hommes !

A ce moment, il aborda, amarra son bateau aux racines d'un vieux saule.

— Pourvu que je retrouve l'endroit ; on me l'a cependant montré bien des fois.

A la lueur des éclairs, il pénétra dans la forêt, et, après bien des détours, arriva à un point d'où partaient trois chemins. — C'est ici, dit-il. Et il appuya contre un arbre.

Ses cheveux étaient dressés sur sa tête; tous ses muscles étaient horriblement tendus.

Le vent qui s'engouffrait sous les arbres, les éclairs qui jetaient de temps à autre une lueur bleuâtre, tout augmentait sa terreur.

Il chercha dans sa tête la formule qu'on lui avait indiquée, et dont s'était, disait-on, servi Henry le riche.

Au moment de la prononcer, il hésita. Puis :

— Allons, c'est un moment de plus que souffre mon pauvre frère : il arrivera ce qui pourra. Et, à haute voix, il dit trois fois : Monseigneur le Diable ! je vous donne à présent et à tout jamais ma main gauche, si vous rendez la santé à mon frère.

Puis, avec accablement : C'est fini ! Alors il tomba sur la mousse humide, et se prit à pleurer.

Ensuite, sans rien dire, sans penser presque, tant il était écrasé et anéanti, il alla rejoindre son bateau. En passant le *Bingerloch*, l'aviron qu'il tenait de la main gauche se brisa contre un roc. Il ne douta plus que le diable n'eût accepté son offrande ; il frissonna, et cependant se hâta de regagner la maison.

Il trouva Richard endormi.

Voici ce qui était arrivé :

Dans son trouble, Wilhem avait en sortant mal fermé la porte ; le vent l'avait ouverte avec violence, et le bruit qu'elle faisait, joint au vent qui venait jusqu'à lui, devinrent tout à fait insupportables à Richard ; il appela, mais inutilement. Enfin il essaya de se lever ! mais sa faiblesse était telle que, arrivé à la porte, il se laissa lourdement tomber ; en même temps, il vomit du sang ; l'abcès, cause de sa douleur, venait de crever ; il ne sentit plus qu'une véhémente envie de dormir, se traîna jusqu'à son lit, et tomba dans un profond sommeil.

Quand Wilhem vit son frère endormi : — Allons, dit-il, mon frère est guéri, et moi, je suis damné !

Il passa le reste de la nuit sans dormir ; le matin, vaincu par la fatigue, il céda au sommeil ; puis, se réveilla en sursaut en criant : — Mon Dieu, ayez pitié de moi ! — Il avait songé que le diable l'entraînait dans les entrailles de la terre.

Une semaine après, Richard avait repris ses travaux ordinaires. Le bonheur et la douce paix reparurent dans la cabane du pêcheur. Wilhem lui-même, qui, pendant quelque temps, avait paru sombre et taciturne, avait repris sa bonne humeur ; seulement, le moindre incident qui pouvait lui rappeler cette nuit funeste le rendait morne et silencieux pendant plusieurs jours, et son imagination frappée trouvait à chaque instant des prétextes à d'invincibles terreurs. Il eût tué mille hommes de sa main droite et incendié tout son village, qu'il eût considéré cela comme un accident ordinaire ; mais s'il lui arrivait de briser un vase de terre qu'il tenait de la main gauche, il lui semblait que le diable se servait de cette main qui était devenue sa propriété. Joignez à cela que la maladresse ordinaire de la main gauche était encore fort augmentée chez lui par la répugnance qu'il avait à s'en servir, et qu'il ne touchait rien de cette main sans le briser ou le laisser tomber.

Le dimanche, à l'église, il tenait cette main cachée sous sa veste, et souvent, agenouillé sur la pierre, il pleurait amèrement en demandant pardon à Dieu. Personne ne comprenait un tel excès de piété, et Wilhem ne répondait à aucune question. Une nuit d'orage l'empêchait de dormir, il la passait en prières; il n'osait non plus passer sur le trou de Bingen, qu'il avait franchi deux fois en invoquant le diable.

Richard souvent et sa femme, qui était devenue mère, s'inquiétaient de la situation de Wilhem, et lui en faisaient quelquefois de doux reproches. Ces marques d'affection rendaient du calme à son esprit, et il était heureux et tranquille jusqu'au moment où un accident nouveau lui rendait trop présent le souvenir de la nuit fatale où il s'était donné au diable.

III

Il arriva qu'un sentiment qui lui remplit tout le cœur vint le distraire de ses sombres pensées. Il devint amoureux d'une jeune fille douce et belle; tout à son amour, il ne songea plus au diable, et ne s'occupa que de sa jolie Claire. Richard et sa femme se réjouissaient de le voir heureux, car c'était tout ce qui manquait à leur bonheur.

La veille du mariage, Wilhem et Claire s'étaient assis sous les branches de quelques saules qui bordaient la rive, le soleil descendait à l'horizon sous des nuages sombres, et ses rayons leur faisaient une belle frange d'or et de pourpre.

A cette heure de silence et de recueillement, les deux amants parlaient de l'avenir, et se regardaient ; le lieu et l'heure donnaient à leurs pensées, à leurs paroles, à leurs regards, quelque chose de solennel et de sacré.

— Mon Wilhem, dit Claire de sa douce voix, il faut que je te quitte : mon père serait inquiet ; et vois, les nuages de l'horizon montent en vapeur noire, l'eau s'agite sans qu'il fasse du vent, les feuilles frissonnent, et les oiseaux s'enfuient ; il va y avoir un orage : à demain. — En disant ces mots, elle ôta de son doigt une petite bague d'argent. — Tiens, lui dit-elle, c'est la bague de ma mère ; ce sera mon anneau de mariage ; tu me le donneras demain, mais porte-le tout le reste du jour et de la nuit. — Wilhem lui donna un baiser sur le front et, par habitude, tendit la main droite pour que la jeune fille passât l'anneau au doigt. — Non, non, Wilhem, dit-elle, à la main gauche, c'est celle du cœur, c'est celle où l'on met l'anneau de mariage.

Wilhem frémit, et retira la main qu'elle attirait à elle.

— Non, non, dit-il, je ne veux pas à cette main, au nom du ciel ! pas à cette main. — Tu m'effrayes, Wilhem, tes yeux semblent s'élancer de ta tête.

Et Wilhem s'enfuit, courant comme un fou.

Il passa près de Richard.

— Où vas-tu ? lui dit Richard, tu cours comme si le diable t'emportait. — Eh ! dit Wilhem, qui te dit que le diable ne m'emporte pas ?

Claire, inquiète, rentra chez son père, puis alla trouver Richard et sa femme ; elle leur raconta ce qui était arrivé. Tous trois se perdirent en conjectures.

Wilhem ne rentra pas souper ; cependant le souper devait être gai, c'était l'anniversaire de la guérison de Richard.

Quand il fut hors de la vue de Claire et de son frère, Wilhem s'arrêta : Oh ! non, dit-il, je ne lui ferai pas partager mon sort, elle ne sera pas la femme d'un homme qui s'est vendu au diable !

Il se mit à pleurer en songeant à tout ce qu'il perdait de bonheur; puis il se jeta à deux genoux sur le sable, et pria.

Mais l'orage grondait, les éclairs brillaient; il se rappela la nuit funeste : il y avait juste un an, jour pour jour. Alors sa tête se perdit; il lui sembla sentir dans sa main une chaleur dévorante, il monta dans son bateau et le mit au courant. Quand il approcha du *Bingerloch,* il frémit de ne pouvoir arriver jusqu'à la forêt. Il n'osa implorer ni Dieu ni le diable; il passa heureusement, et chemin faisant il craignait que chaque éclair ne fût la foudre qui allait le frapper, que chaque vague ne dût l'engloutir avant qu'il eût expié son crime, ainsi que sa folie lui en avait suggéré l'idée.

Arrivé au bord, il remercia Dieu, puis marcha du pas saccadé d'un homme qui a la fièvre, et parcourut les sinuosités de la forêt jusqu'au moment où il retrouva le carrefour.

Il se mit encore à genoux et implora le secours de Dieu.

Le vent brisait les arbres et ébranlait jusque dans leurs racines les chênes les plus robustes.

Il ôta sa veste, releva jusqu'au coude les manches de sa chemise, et s'écria trois fois :

— Monseigneur le Diable ! je t'ai donné ma main gauche ; la voici, viens la prendre.

Et à la troisième fois, plaçant sa main gauche sur un tronc brisé, d'un coup de sa hache de batelier qu'il avait apportée, il se coupa le poignet, puis s'enfuit, soutenu par la violence de la fièvre, laissant près de l'arbre sa hache et sa main.

Il entra dans son bateau ; sa fièvre était telle qu'il eut la force de ramer en suivant la côte de la seule main qui lui restait.

Quand il fut près du trou de Bingen, les forces lui manquèrent ; il se jeta à genoux en implorant l'aide de Dieu.

Le lendemain, Richard, en allant à la pêche, trouva le cadavre mutilé de son frère retenu entre les pointes de deux roches aiguës.

SANS SE VOIR

A MEIFRED

On n'entendait plus le bruit des portes, celui des voitures même allait cesser. Dans un salon, éclairé par un grand nombre de bougies aux deux tiers consumées, devant les restes d'un grand feu, se trouvaient encore assises deux personnes, une femme d'à peu près trente ans, et un jeune homme qui paraissait compter quelques années de moins.

— Il est une malédiction, dit la baronne, que j'ai eu souvent occasion de répéter dans ma vie.

— J'espère, madame, que ce n'est pas contre les précepteurs.

— Non, Raoul ; c'est contre les gens qui, sortant d'un bal à deux heures du matin, entraînent dans leur fuite toute une société. Quand on fait tant que de rester à danser jusqu'à deux heures, ce n'est pas un reste de nuit, dans un lit où l'on ne fera que se retourner sans dormir, qui vaut la privation que l'on s'impose. A coup sûr, je vais rester au moins deux heures sans pouvoir trouver le sommeil. Ne vous retirez pas encore ; mes enfants sont fatigués, et je leur ai permis de se lever tard ; le professeur pourra donc en faire autant. Avez-vous quelque histoire à me raconter? ou plutôt répondez-moi à une question que suggère votre attention à examiner les différentes femmes qui étaient ici il y a un quart d'heure. De toutes les femmes que vous avez jamais connues, quelle est celle que vous avez trouvée la plus jolie ?

— Est-ce sans vous compter, madame?

— Sans me compter, monsieur.

— Alors c'est une femme que je n'ai jamais vue.

— Voici une étrange folie.

— Pas si étrange, je juge de la beauté, non

par les proportions mathématiques du corps et du visage, mais par l'effet qu'elle produit, et, des quelques amours que j'ai pu avoir jusqu'ici, le plus passionné, le plus véhément, le plus poétique, est, sans contredit, celui que m'a inspiré une femme dont je n'ai jamais vu seulement le bout du pied.

— Même en comptant cette femme vêtue de bleu, que je vous ai envoyé engager à danser.

— Celle dont vous m'aviez d'avance vanté la beauté ?

— Précisément.

— Je ne l'ai pas vue. Quand j'ai voulu m'approcher d'elle à travers les groupes de danseurs, elle passait dans un autre salon, donnant la main à un homme plus heureux.

— Ou plus leste.

— Et je n'ai vu que les derniers plis de cette robe bleue par laquelle vous me la désigniez.

— Contez-moi votre histoire, Raoul. Est-elle longue ?

— Je ne puis le dire d'avance. Si la mémoire seule est en jeu, elle sera courte, car il y a peu d'incidents et de péripéties ; mais s'il se réveille en parlant un souvenir un peu vif, je ne puis répondre de rien.

— N'importe : si elle m'amuse, elle charmera mon insomnie; si elle m'ennuie, elle m'endormira.

— Ainsi, de toute manière, je suis certain de me concilier la bienveillance de mon auditoire. C'est une position trop rare et trop belle pour n'en pas profiter. Je commence.

— Sonnez, pour qu'on jette du bois au feu.

— J'en vais mettre moi-même.

— Vous êtes un adroit orateur ; vous craignez que la présence momentanée d'un domestique n'interrompe les dispositions favorables où je suis pour entendre votre récit, et ne trouble mon recueillement. Vous ai-je deviné ?

— Je ne suis pas forcé de l'avouer. Je pourrais dire que les domestiques sont fatigués, et me parer d'une intention philanthropique. Nous avons, vous et moi, trop d'esprit pour croire à la philanthropie. Commencez.

— J'avais vingt ans...

— Je m'en étais doutée.

— Pourquoi ?

— Parce que c'est le seul âge où l'on se livre

à ces passions aussi irréfléchies, aussi romanesques, aussi extravagantes.

— Dites aussi vraies, aussi nobles, aussi pures. Si les femmes savaient quel trésor d'amour renferme le cœur d'un homme de vingt ans, pour la première femme qu'il aimera ; si elles voyaient bien tout ce qu'il y a de dévouement, d'idolâtrie dans un pareil amour ; si elles savaient qu'elles sont pour cet homme la vie avec toutes ses délices, le paradis avec ses joies mystérieuses ; si elles savaient qu'il concentre alors sur elles toutes les passions humaines : la gloire est pour lui d'être aimé d'elles ; l'ambition, de baiser leurs cheveux ; l'avarice, de conserver une première lettre à demi effacée par les baisers ; mais elles se laissent, dans leur sot mépris pour ce jeune homme, dans leur plus sotte préférence pour des êtres abrutis et blasés, elles se laissent enlever ce premier amour par des grisettes ou des femmes de chambre. C'est sur le fumier que fleurit cette rose aux parfums enivrants.

— Votre digression n'est pas sans réplique, ô professeur de grec : d'abord, ce premier amour, dont vous faites un tableau assez attrayant, il n'est pas donné à toutes les âmes de le sentir. Quelques organisations seules, richement dotées par la nature, en sont susceptibles; et d'ailleurs, croyez-vous qu'il n'est pas un peu humiliant pour une femme d'être adorée pour des charmes qu'elle n'a pas, louée pour des perfections imaginaires; de n'être qu'un miroir où se reflètent les brillantes rêveries de son amant; d'être pour lui ce qu'étaient pour les Gaulois ces vieux troncs hideux auxquels ils appendaient tant de manteaux de pourpre, tant d'aigles romaines, tant d'anneaux d'or arrachés aux doigts des chevaliers, qu'on finissait par confondre dans une même admiration et le tronc informe et les riches dépouilles dont il était couvert?

Croyez-moi, il est plus doux et plus sûr d'être aimée telle que l'on est, d'être aimée pour sa beauté et pour ses qualités, et non d'être simplement la toile que l'enthousiaste charge de brillantes couleurs. Voyez de près combien sont, le plus souvent, indignes les objets des plus violentes passions, et vous serez convaincu que l'on n'adore les femmes que faute de les pouvoir aimer.

— Regardez en arrière, madame, et vous serez persuadée qu'il n'y a de beau et de bon, dans la vie humaine, que ce qui n'y est réellement pas. Les illusions sont la plus grande richesse de l'homme ; et d'ailleurs, avant de les rejeter, il faudrait, et l'essai vous montrerait si la chose est facile, il faudrait bien savoir si ce qu'on leur substituerait serait plus vrai et plus positif ; si les fruits sont plus réels que les fleurs, et s'il est bon de désirer que le vent fasse tomber sur la terre en neige odorante les pétales des fleurs, pour que les fruits se forment plus vite. Non, ce ne sont pas des illusions peut-être : ces charmes que l'âme vous prête, vous les avez réellement ; cet amour si puissant sur celui qui l'éprouve, a une influence aussi forte sur celle qui l'inspire, et si nous vous voyons à une si grande hauteur, c'est que notre amour vous a réellement élevées et grandies.

— Probablement, vous aurez encore bien des choses à répondre ; mais je craindrais un amour qui m'élèverait sur un piédestal dont je n'oserais descendre sans risquer de me rompre le cou. Commencez-vous votre histoire ?

Raoul commença :

« J'étais depuis quelques mois sur les côtes de la Bretagne. Donné pour précepteur aux deux jeunes fils du dernier membre d'une grande famille qui tire son origine de l'Armorique, j'avais suivi mon patron avec plaisir dans sa résidence d'été. C'était une belle maison un peu en ruines, mais pittoresque, et si près de la mer que le vent qui soufflait au large venait quelquefois apporter sur les lèvres une saveur salée. La journée était entièrement consacrée aux études de mes élèves et à quelques promenades que nous faisions sur le bord de la mer. Le soir, je jouais aux échecs avec le père, et nous buvions du punch.

«Un soir que j'en avais bu plus que de coutume, il me fut impossible de dormir, et je descendis dans le jardin. Comme je goûtais le calme et la fraîcheur de la nuit, j'entendis tout à coup une douce voix de femme qui chantait sur un air simple et monotone un chant que j'avais quelquefois entendu fredonner par les habitants des côtes. Ce chant n'est ni harmonieux ni poétique, mais il est naïf et bizarre :

Mouettes blanches,
N'avez-vous pas vu

Flotter les planches
D'un vaisseau perdu ?
J'ai promis à ma femme
Un large ruban
Rouge comme une flamme
Pour parer son enfant.

Le vent a détruit
Ma pauvre toiture,
Et dans ma masure
Il a plu toute la nuit.

Les douaniers m'ont pris
Ma poudre et mes fusils ;
Ils m'ont pris mon filet
Qui séchait sur le galet.
Dans les algues vertes,
Mer, apporte-moi
Aux plages desertes
Du bois pour mon toit.

De la poudre sèche,
Un fusil damasquiné,
Des filets pour la pêche,
Un rubau pour mon nouveau né.

« Je cherchai longtemps, en vain, sans réussir à voir d'où sortait cette voix qui paraissait—et sa douceur contribuait à l'illusion — tomber, sinon du ciel, du moins des arbres qui, hauts et touffus, masquaient la muraille qui terminait le jardin. Enfin, j'aperçus une lumière à une petite fenêtre masquée par le feuillage. Elle appartenait, sans aucun doute, à une maison adossée à cette muraille : cette maison était habitée par deux femmes seules avec quelques domestiques. La voix cessa, et la lumière s'éteignit. Je restai encore quelque temps dans le jardin sous une impression magique. La nuit, j'eus beaucoup de peine à m'endormir. Le lendemain matin, je ne pensais plus à rien.

« Le soir, cependant, le crépuscule me rappela la petite fenêtre et la voix, et sitôt que j'eus fini ma partie d'échecs, je descendis au jardin. Il y avait une lumière à la fenêtre, et cette lumière, à travers les feuilles, semblait un ver luisant dans l'herbe. Mais on ne chanta pas. Mon esprit se perdit en de vagues rêveries ; je cherchai à me représenter en imagination l'hôtesse de la petite chambre. Elle doit être jeune : c'était la seule conséquence que la voix me permît de tirer positivement.

« Quelques jours encore se passèrent pendant lesquels je m'occupai un peu plus de mon rêve qu'il ne convenait à ma tranquillité. Un jour, comme je me promenais avec mes élèves et mon fusil au bord de la mer, je vis passer près de nous un enfant qui venait quelquefois vendre des fruits à la maison. Le hasard ou le désœuvrement fit que je lui demandai d'où il venait. Je viens de faire de longues courses inutiles : mademoiselle Pauline est bien fâchée de ne pas avoir de fleurs pour la fête de sa mère ; mais le vent du nord, qui a soufflé ces jours derniers, a tout desséché, dans les jardins.

« — Et qui est mademoiselle Pauline, demandai-je ?

« — C'est votre voisine : une bien bonne demoiselle, et jolie comme les anges. Elle m'apprend à lire et à écrire, pour que je puisse un jour être clerc, et elle me paie généreusement mes commissions... Ma curiosité était trop piquée pour que je ne fisse pas d'autres questions. J'appris que ces dames ne sortaient jamais ; que la petite fenêtre dans les feuilles appartenait à la chambre de mademoiselle Pauline, et qu'après en être sortie le matin, elle n'y rentrait plus que le soir pour se livrer au repos. Je passai le reste de la promenade fort préoccupé. Quand mes élèves furent rentrés, je m'acheminai vers un jardin assez éloigné que je connaissais pour être toujours garni de fleurs, à cause du soin que prenait le propriétaire de l'abriter contre certains vents de mer.

« La nuit, quand je me fus bien persuadé que tout le monde reposait, je grimpai dans un des arbres, et je sentis mon cœur battre bien violemment quand j'approchai de la fenêtre ; elle était fermée et pleine d'obscurité. J'attachai une botte de fleurs à un des barreaux, et descendis un peu froissé et écorché.

« Je n'osai me trouver au jardin au moment où elle verrait les fleurs ; seulement, je m'aperçus dans la journée que les fleurs n'y étaient plus.

« Bientôt j'attirai près de moi le petit commissionnaire ; j'étais heureux de causer avec quelqu'un qui l'avait vue, qui avait entendu sa voix. Je voulus aussi lui montrer quelque chose, et je lui donnai des leçons d'arithmétique. Peu de temps après que j'eus commencé, il me dit : — Mademoiselle Pauline est très-contente que j'apprenne à compter, elle m'a dit d'être reconnaissant pour vos soins. Comme je vis par là qu'il avait parlé de moi, je n'osai plus trop faire de questions sur ma voisine. Un jour, cependant, le petit Louis avait un ruban bleu dont il se parait avec orgueil : il me dit que ce ruban lui avait été donné par mademoiselle Pauline. Je lui offris une pièce de monnaie en retour ; mais il refusa obstinément de s'en dessaisir. Seulement, je conclus du ruban qu'elle devait être blonde. Tout cela m'intéressait plus que je ne saurais dire.

« Un soir, le soleil s'était couché dans un horizon rayé de longues bandes rouges, le vent du sud-ouest s'était mis à souffler avec violence, et la mer paraissait sourdement agitée dans ses profondeurs. Elle s'élevait à l'horizon, et semblait s'avancer en longues lames sur la terre pour l'engloutir. Enfin, la plus affreuse tempête se déclara. Tout le pays était dans une grande agitation ; plusieurs bateaux étaient partis pour la pêche le jour précédent et n'étaient pas encore rentrés. Les femmes et les enfants étaient sur la plage, et interrogeaient en vain l'horizon. Un christ de bois, près de l'église, était entouré de gens à genoux. Enfin, on aperçut dans la teinte jaune que le soleil couché laissait encore à l'horizon, les voiles qui dessinaient en noir les deux bateaux que l'on attendait.

« Je rentrai à ce moment à la maison, pour ne pas manquer l'heure à laquelle je voyais la lumière dans les feuilles. La chambre était éclairée ; j'entendis la douce voix : — Geneviève, disait-elle, demain matin, sitôt que tu seras réveillée, viens me dire s'il n'est pas arrivé quelque malheur. Cette tempête m'épouvante... Puis j'entendis une porte se fermer, et, à la lueur moins forte, je vis qu'on avait enlevé une des lumières. Peu après, j'entendis qu'on faisait une prière à la Vierge, la protectrice des marins. J'écoutai religieusement, et je priai avec elle.

« Puis, je retournai au bord de la mer : les deux bateaux n'étaient plus qu'à deux portées de fusil de la côte ; mais la mer brisait avec une telle fureur, que les pêcheurs, comme il était facile de le voir à leurs manœuvres, faisaient tous leurs efforts pour n'y être pas jetés.

« Il y eut un moment où le vent cessa de siffler, et où l'on n'entendit plus qu'un grondement sourd et lointain ; et au large la mer s'éleva comme une montagne, elle semblait toucher le ciel, puis cette immense lame se brisa en blanchissant, et vint en roulant vers la côte. Un cri de désespoir s'éleva du rivage. Les deux bateaux s'élevèrent sur la lame et disparurent aux yeux.

« Puis bientôt on les revit, mais à moitié détruits. Outre le coup de lame, ils s'étaient entrechoqués et brisés l'un contre l'autre. La lame les entraîna et les jeta au rivage, puis courut loin sur la grève ; mais en retournant elle reprit les bateaux et les remmena à quelque distance. Une seconde lame cependant s'était élevée, et vint les rejeter à la côte, où ils furent entièrement mis en pièces. Les pêcheurs, à l'exception d'un homme et d'un enfant, furent sauvés.

« Au milieu de cette scène de désolation, ma pensée dominante avait été ma voisine. J'aurais voulu qu'il se présentât une occasion de me dévouer utilement. J'étais amoureux, mais de cet amour des âmes nobles, de cet amour qui agrandit et élève, et donne comme un besoin d'héroïsme. La mer apporta le corps de l'enfant : tout le monde le croyait mort ; je crus m'apercevoir qu'il y avait encore en lui quelques restes d'existence, et je m'empressai de lui donner des soins, faute desquels l'ignorance l'aurait laissé périr. J'eus le bonheur de le rappeler à la vie. La mère ne prit pas le temps de me remercier, et emporta son enfant. Pour moi, je rentrai au jardin; j'écrivis à la hâte sur un morceau de papier : *La tempête a brisé les deux bateaux. Tous les hommes sont sauvés, à l'exception de Jacques.*

« Puis je grimpai attacher mon écrit à un barreau de la fenêtre.

« Le lendemain, comme, vers la brune, je me promenais dans le jardin, plusieurs personnes y entrèrent tout à coup, me prirent dans leurs bras, et me comblèrent de caresses : c'étaient les parents de l'enfant que mes soins avaient rappelé à la vie. Je fus ému de cette reconnaissance, et, par un mouvement naturel et instinctif, je me retournai vers la petite fenêtre; j'y vis un mouvement comme de quelqu'un qui se retire précipitamment. Pauline m'avait vu : mon cœur se dilata délicieusement.

« Le jour d'après, c'était vers le milieu de la journée, la fenêtre était ouverte; je montai dans l'arbre, et je pus voir la chambre; elle était meublée simplement. Je vis en frissonnant un lit bien blanc, le tapis sur lequel elle marchait, et les pantoufles de maroquin qui avaient renfermé ses petits pieds. Je tirais une induction de tout, de la grandeur des pantoufles et de celle d'une paire de gants oubliée sur une table. Je vous laisse à penser quelle fut ma joie lorsque je trouvai après les barreaux de la fenêtre deux longs cheveux qu'elle avait sans doute arrachés en se retirant la veille si précipitamment...

— Et, dit ici l'auditoire, ces deux cheveux étaient blonds et singulièrement fins. »

Raoul s'arrêta un moment, regarda l'interruptrice avec l'air d'un profond étonnement; puis, songeant qu'il n'y avait dans ces paroles rien qui ne pût être supposé, et ne s'appliquât à toute description d'héroïne de roman, il continua en ouvrant une bague :

« Ces deux cheveux, les voici, ils ne m'ont jamais quitté.

« Je ne tardai pas à revoir le petit Louis. Pauline lui avait fait quelques questions sur moi : elle avait vu la reconnaissance des pêcheurs; elle s'était fait raconter l'action bien simple qui me l'avait méritée, et elle avait dit : En voyant la joie de ces bonnes gens, je n'ai pu m'empêcher de pleurer.

« Larmes précieuses. J'aurais donné la moitié de mon sang pour posséder le mouchoir qui les avait essuyées. — Je m'en vais, dit le petit Louis, car mademoiselle Pauline peut avoir besoin de moi ; elle doit être rentrée.

« — Rentrée ! m'écriai-je ; est-elle donc sortie ?

« — Oui, elle est allée à la messe avec sa mère.

« Je me précipitai dehors, et je courus vers l'église. Louis me suivit ; mais, au moment même où nous sortions, il me montra de loin deux femmes qui rentraient : *Les voilà*. Je ne vis que les plis de la robe blanche de celle qui entrait la première. Louis me dit : *C'est elle* ; et il alla la rejoindre. Pour moi, je rentrai tristement.

— Un autre jour que Louis avait laissé percer le désir d'avoir un *bel habit* pour une fête prochaine, je lui fis faire mystérieusement un costume fort propre que Pauline trouva dans sa chambre ; et je sus le lendemain que la mère de Pauline avait été fort malade, que l'on allait envoyer chercher un médecin à la ville voisine. Je montai aussitôt à cheval; j'arrivai bientôt chez le médecin, auquel je donnai mon cheval, et je revins à pied. Il était auprès de la malade, que le messager n'était pas à moitié route pour se rendre chez lui.

« La mère fut longtemps malade, mais on ne permettait que rarement à Pauline de passer les nuits auprès d'elle. Elle trouvait toujours dans sa chambre tout ce qu'elle avait désiré dans la journée, tout ce qui pourrait être agréable à la malade. J'interrogeai le médecin; il me dit qu'il n'y avait plus d'espoir, que la maladie pourrait encore traîner un mois, mais que la mère de Pauline ne pourrait aller plus loin.

« Alors je fus plongé dans le plus noir chagrin; je me représentai à l'avance le désespoir de la pauvre fille, son abandon, son isolement. Rien ne me donnait le droit de l'aller consoler et soutenir, en ces moments de deuil et de désolation que chaque jour approchait d'elle.

« Il advint qu'un jour, comme je causais avec le médecin, un homme qui sortait de chez le père de mes élèves, après une visite de quelques jours, et qu'une chaise de poste attendait à la porte, s'arrêta, parut nous écouter avec attention. Quand le médecin fut parti, il s'approcha de moi et me dit : — Ce médecin est un ignorant qui tue sa malade, tandis qu'une saignée la tirerait d'affaire.

« — O monsieur, lui dis-je en joignant les mains, allez chez elle, et sauvez-la.

« — Je ne le puis, me dit-il ; je suis médecin, et ne puis aller sur les brisées d'un confrère. D'ailleurs, un quart d'heure de retard me ferait manquer une affaire qui cause mon départ, et menace toute ma fortune et celle de mes enfants. Tâchez que votre frater saigne la malade, et tout ira bien.

— Monsieur, lui dis-je, en êtes-vous bien sûr?

— Monsieur, me répondit-il, il y a quarante ans que je suis médecin, jamais je n'ai prononcé avec plus de certitude et de confiance. Il partit.

« J'attachai un écrit au barreau de la fenêtre : Au nom du ciel ! exigez qu'on saigne votre mère, un médecin d'un grand talent m'a promis qu'une saignée la sauverait.

« Je fus trois jours sans entendre parler de

rien, en proie à la plus véhémente anxiété. Le quatrième jour, je crus être fou en voyant mon papier encore attaché au barreau. Cependant il avait été enlevé. Que s'est-il passé ?

« Je m'empressai de le reprendre : ce n'était pas mon écrit ; c'était un autre papier sur lequel il y avait : *Sylphe, ou ange, merci.*

« C'était elle. Sa mère était sauvée ; elle avait senti le besoin de m'en témoigner sa reconnaissance.

« Peu de temps après, je fus obligé de faire un voyage de huit jours. A mon retour, la mère et la fille avaient quitté le pays. Je fus atterré. Personne ne savait où elles étaient allées : tout ce qu'on put me dire, c'est qu'*elles ne reviendraient pas*, et que la maison était à vendre. Je ne tardai pas à quitter ces lieux qui m'étaient devenus insupportables ; et après deux années passées en voyages qui amortirent un peu mon chagrin, en me laissant une profonde mélancolie, je fus admis chez vous, où je suis resté depuis. »

— Mon cher Raoul, dit alors la dame qui composait l'assemblée, sachez-moi un gré infini.

Jamais auditoire ne fut plus bienveillant : j'ai écouté votre histoire, et cependant je la connaissais.

Raoul fit un geste de surprise.

— Je vais vous en dire la fin : Pauline s'est mariée et est devenue veuve au bout d'un an.

— Ah ! madame ! dit Raoul, cette plaisanterie est cruelle.

— Je ne plaisante pas. C'est d'elle que je tiens son histoire et la vôtre, et au moment où je vous parle, elle va rejoindre sa mère déjà installée dans la maison à la petite fenêtre.

— Quoi ! vous la connaissez ?

— Cette dame dont vous n'avez vu que la robe bleue...

— Eh bien !

— C'est Pauline.

— Et elle est partie ?

— Elle est partie.

— Pour la Bretagne ?

— Oui. Si vous vous étiez présenté à elle comme je vous y avais engagé, elle n'aurait pas manqué de vous reconnaître.

— Quoi ! vous saviez qu'il était question de moi dans son histoire ?

— Nullement.

Le lendemain Raoul se mit en route. La voiture n'avait jamais été si lentement. Pendant que Raoul voyage, gourmandant les postillons, pressant les voyageurs, s'irritant contre le plus léger retard, voyons ce qui se passe aux lieux qu'il va revoir.

Pour peu que l'on réveille ses souvenirs, on n'aura pas de peine à reconnaître que le peu de bonheur que l'on a eu dans le cours de sa vie n'est jamais arrivé qu'à travers une foule d'obstacles qu'on lui a suscités, et que si les efforts que l'on a faits avaient été suivis de succès, on aurait presque toujours réussi à se rendre le plus malheureux des hommes...

Aussi, quand je vois un homme courir, je me dis volontiers : — Gageons que cet homme va au-devant de quelque malheur : Raoul allait très-vite.

Depuis la veille, Pauline avait rejoint sa mère; elle avait revu avec quelque émotion la petite chambre et la fenêtre grillée ; elle avait revu son élève, son favori. Louis était devenu un jeune homme ; il faisait la classe de son oncle *le clerc*, et devait lui succéder. Il fut bien heureux de revoir Pauline. C'était à elle qu'il devait la place qu'il occupait et la considération dont l'entouraient tous les paysans. Le lendemain de son arrivée, Pauline voulut voir la mer. Le temps était on ne peut plus beau, le ciel était pur et sans nuages, la mer était bleue et transparente, et sa surface unie n'était qu'à peine ridée de temps en temps par un léger vent d'est ; les oiseaux volaient haut, et semblaient comme des points mobiles dans les hautes régions de l'air.

Louis invita les deux dames à une promenade en canot ; la sérénité du temps les engagea à accepter.

Quelle bonne flânerie qu'une promenade sur l'eau ! Comme cet air de la mer rafraîchit doucement le front ! Comme l'esprit devient libre et se dégage des soucis qu'on laisse sur la terre !

Quelle charmante harmonie que celle de l'eau qui fuit la quille et qui ruisselle blanchissante sur les flancs de la barque ! Quelles douces rêveries s'emparent alors de l'imagination et viennent la bercer!

Pauline se livrait sans restriction aux charmes de cette promenade; elle avait bien vite oublié Raoul dans cette vie, où, pour elle, les événements qui composent d'ordinaire l'existence humaine s'étaient écoulés dans l'espace de quelques heures. Mais les impressions qui s'emparaient d'elle alors avaient dû se rattacher à quelque souvenir ou à quelque espérance; en revoyant sa maison, sa chambre, sa fenêtre, elle se rappelait l'être mystérieux si soumis à ses volontés, si prévenant à ses désirs. Louis, tout clerc qu'il était, et peut-être à cause de cela, était un médiocre navigateur. Une fausse manœuvre qu'il fit agita l'embarcation d'une manière qui effraya horriblement Pauline et sa mère; par un mouvement instinctif, elles se jetèrent toutes deux sur le côté, et le canot, qui n'avait plus ni centre ni équilibre, chavira.

Alors un grand cri se fit entendre sur la rive.

A ce moment, un homme à cheval trottait tout le long de la grève.

Il pressa son cheval et fut bientôt arrivé

— Qu'est-ce? qu'y a-t-il?

Ah! voici sa robe blanche qui flotte.

Il se jette à l'eau.

La mer était calme, bleue et transparente. Un beau soleil couchant reflétait dans l'eau ses teintes de pourpre et de feu.

Il atteignit la robe; mais Pauline se cramponna après lui et l'étreignit de ses bras. Il n'était pas habile nageur; il se laissa entraîner, et tous deux disparurent. Le lendemain la marée apporta sur les galets les cadavres de la mère de Pauline et de Louis. Deux autres cadavres étaient convulsivement enlacés, le désespoir empreint sur leurs traits décomposés par la souffrance: c'était ce qui restait de Pauline et de Raoul.

UN VAUDEVILLE

[illegible]

I

SUR LE PONT DES ARTS.

Il faut croire que sur la page consacrée dans le livre du destin aux diverses corvées qui devaient composer la vie d'Olivier, il était écrit qu'un des premiers jours du mois de juin il passerait deux heures à bouquiner sur les quais de Paris. En effet, la Seine, qui, hors de la ville, coule lentement entre les rives vertes, ombragées de saules et de peupliers, roule ses eaux dans Paris depuis le pont de l'Hôtel-Dieu jusqu'au pont Louis XV, entre d'innombrables vieux livres et bouquins entassés sur les parapets de ses quais. — Olivier, à cinq heures, se rappela qu'il avait un rendez-vous important rue de Seine à quatre heures et demie. C'était l'horloge de l'Institut, en face duquel il se trouvait alors, qui lui avait dit l'heure qu'il était, et l'heure qu'il n'était plus. Aussitôt Olivier hâta le pas, et il se disposait à passer le pont des Arts, lorsqu'en fouillant dans la poche de son gilet il s'aperçut qu'il avait donné jusqu'à son dernier sou aux libraires en plein vent. Il s'arrêta, regarda encore l'horloge, suivit d'un œil découragé le long détour que, faute d'un sou pour le péage du pont des Arts, il allait avoir à faire. A ce moment s'avançait également, dans l'intention de passer le pont, un homme doué d'une figure si épanouie, d'une physionomie si bienveillante, que, cédant à une inspiration subite, Olivier le salua et lui dit : — Monsieur, voulez-vous avoir l'obligeance de payer pour moi le passage du pont?

— Ah diable ! répondit l'inconnu. — Et après un moment de silence : C'est égal, ajouta-t-il en tendant à Olivier un sou qu'il tira de la poche de son gilet. — C'est tout ce que j'ai sur moi, mais je ne suis pas pressé, et je ferai le tour par le Pont-Royal. Puis, sans attendre les remerciements ou le refus d'Olivier, il le salua et continua sa route en longeant le quai. Pour Olivier, il traversa la rivière avec rapidité et ne tarda pas à arriver à la rue de Seine. — Mais il était cinq heures un quart, on l'avait attendu jusqu'à cinq heures, et l'on était parti. Il s'en alla de mauvaise humeur, et reprit le quai en se dirigeant vers un pont qui lui permît, sans contribution, de repasser la rive droite de la Seine. Il n'avait fait que quelques pas dans cette direction lorsqu'il se trouva en face de l'homme qui lui avait si obligeamment prêté un sou.

— Ah ! monsieur, dit-il, je suis enchanté de vous retrouver, j'étais si pressé que j'ai manqué à deux devoirs : le premier était de refuser votre offre par trop obligeante, et le second de vous en remercier.

— Êtes-vous arrivé à temps à vos affaires?

— Non, mais je ne vous en dois pas moins de la reconnaissance.

— Vous m'en devez pour un sou. — Combien donne-t-on de reconnaissance pour un sou? Ça ne doit pas être beaucoup, car on dit que c'est une marchandise assez rare.

— Il ne s'agit pas du sou, mais de la complaisance, qui, pour obliger un passant, un inconnu, vous a fait faire un long détour par une chaleur étouffante.

— Ce n'est pas à cela que je pensais, monsieur.

— Car lorsque vous m'avez abordé, je vous avoue que je songeais au trait sublime dont vous me louez avec magnificence ; mais ce qui me frappait, c'était la rencontre de deux hommes qui ne possédaient qu'un sou à eux deux.

— Enfin, monsieur, je sais bien que je ne puis, ni vous beaucoup remercier, ni vous demander votre adresse pour me libérer de la dette que j'ai contractée, surtout si vous faites semblant de prendre le change sur l'expression de mes sentiments et de les tourner en plaisanterie. Mais je vais vous dire tout nettement ma pensée : je vous crois un homme excellent ; dans les grandes choses on se montre, dans les petites on se laisse voir. Je voudrais que nous devinssions au moins des connaissances, et ça m'ennuie de penser que nous ne nous reverrons peut-être jamais.

— C'est un très-bon sentiment dont je vous sais gré, et je ne négligerai pas non plus l'occasion d'acquérir un ami pour un sou.

— Tenez, pas de cérémonie entre jeunes gens, — venez dîner avec moi à mon cabaret.

L'inconnu tira un très-petit livre de sa poche, glissa une épingle entre les feuillets, ouvrit le livre, y jeta un coup d'œil et dit :

— Très-volontiers, mais j'ai une course à faire.

— Nous la ferons ensemble.

Les deux jeunes gens se prirent par le bras et se dirigèrent vers une maison de la rue Jacob. — L'inconnu déposa un paquet chez le portier. — C'est, dit-il, une petite commission pour un de mes amis. — Où est votre cabaret ?

— De l'autre côté de l'eau, — au Palais-Royal, nous passerons par chez moi, je demeure rue Vivienne.

— Nous sommes voisins ; mon logis est rue des Filles-Saint-Thomas ; nous passerons aussi devant ma porte : j'entrerai chez moi un instant.

— Pourquoi faire ?

— Mais pour prendre de l'argent; nous n'avions qu'un sou à nous deux et nous l'avons dépensé.

— Vous n'avez pas besoin d'argent, puisque je vous ai invité à dîner, et que j'en vais prendre chez moi.

— C'est égal, j'ai des emplettes à faire et je ne vous demande que deux minutes.

Ils passèrent par la rue Vivienne et par la rue des Filles-Saint-Thomas, et chacun des deux attendit l'autre à sa porte tandis qu'il gravissait rapidement ses escaliers, puis ils s'installèrent dans un café-restaurant du Palais-Royal. Après le dîner Olivier demanda la carte, son ami la prit aux mains du garçon, — il s'éleva un débat.

— Êtes-vous très-riche ? demanda l'étranger ?

— Non.

— Ni moi non plus; si nous devons continuer à nous voir, il serait prudent de mettre fin tout d'abord aux effets somptueux, — je ne dépense jamais plus de quarante sous à mon dîner, — mais en voici un qui va vous coûter vingt francs; je serai obligé, si nous jouons ce rôle-là tous les deux, de vous en rendre un qui me coûtera trente francs. — Payons celui-ci à nous deux, ce sera un festin donné en l'honneur de notre amitié, puis à l'avenir, quand il nous arrivera de dîner ensemble, nous n'essayerons pas de nous éblouir par de mutuelles magnificences, nous dînerons selon nos habitudes, en payant chacun notre écot.

Il y eut alors une série de « Je ne le souffrirai pas » et de « Je l'exige, » auxquels le bienfaiteur d'Olivier mit un terme en disant : Je vois avec peine que vous êtes d'un caractère hargneux et querelleur. — Moi-même je suis un peu opiniâtre. — Je vais vous faire une proposition qui empêchera notre amitié de mourir en bas âge. Ma proposition est que nous appliquions aux différends qui s'élèveront entre nous, le procédé que j'emploie pour les discussions que j'ai avec moi-même. — Car il m'arrive parfois de ne pas être parfaitement d'accord avec moi, et de me sentir tiraillé par deux volontés en sens contraire.

— Voyons le procédé, dit Olivier, car je n'aime pas non plus l'hésitation; il vaut mieux se décider pour le mauvais chemin, car on peut ensuite revenir sur ses pas, et en prendre un autre, que de rester comme un poteau au milieu du carrefour.

— Parfaitement vrai. Voici mon procédé, il n'est pas de mon invention, je le tiens d'un vieil Allemand avec lequel j'ai essayé d'apprendre la musique. Numa avait dans un bois une nymphe Égérie qu'il allait consulter dans les circonstances embarrassantes. — Quelques savants ont trouvé quelque chose d'assez joli — pour des savants. — Ils ont dit qu'*Égérie* c'était la pauvreté, — *egestas*. Mais pour moi, la pauvreté ne m'a jamais donné que d'assez mauvais conseils. Mon Égérie, c'est le hasard. — Croyez-vous au hasard ? J'ai toujours pensé que la Providence a craint que l'homme, à force de bêtise ou de malice, ne se contentât pas toujours des menues choses qu'elle lui permet de déranger et de classer dans l'ordre universel, et s'avisât quelque jour de vouloir rompre quelque rouage nécessaire. — C'est pourquoi, au milieu des actes, des fantaisies, des projets humains, elle s'est réservé une part qui lui permet de déjouer quelques-unes de ces tendances et de rétablir l'ordre compromis ou menacé. C'est ce que la foule appelle le hasard. — J'ai, moi, mon Égérie dans ma poche. — C'est plus commode que d'aller la chercher dans les bois.

Et il sortit de sa poche une toute petite Bible, édition diamant. — C'était le livre qu'il avait tiré de sa poche lorsque Olivier l'avait invité à dîner.

— Voici la chose et la manière de s'en servir : — tantôt, quand vous m'avez engagé à dîner avec vous, comme ce dîner pouvait être le commencement d'une liaison d'amitié, j'ai consulté l'oracle, et voici ce qu'il m'a répondu :

« Et il dit : Buvez maintenant et mangez avec joie. »

— Savez-vous quelle conclusion je tire de cela? dit Olivier, c'est que nous n'avons pas assez bu.

— Nous allons donc savoir, si vous le trouvez bon, si je dois vous laisser payer le gala que nous venons de faire, ou si je dois en payer la moitié.

Et, insinuant son épingle entre les tranches du livre, il l'ouvrit et lut la ligne sur laquelle l'épingle s'était arrêtée.

« N'empêche pas de faire celui qui le peut. »

— Payez donc la carte, si ça vous fait plaisir, et si vous avez assez d'argent. Moi, je vais demander du punch et des cigares.

Et les nouveaux amis fumèrent, burent et causèrent jusque fort avant dans la soirée. — Lorsqu'ils se séparèrent, Olivier dit : Ah çà, mon ami, comment t'appelles-tu?

— René Guichard. — Et toi?

— . . . .

II.

LE NEVEU SUPPOSÉ.

La ville de Rouen, pour ceux qui la voient seulement en descendant le fleuve ou en passant sur ses quais, a l'aspect d'une ville toute neuve et régulièrement bâtie. — Ses quais sont bordés d'une rangée de hautes maisons plates et jaunes, dont le plus grand nombre des habitants sont très-fiers ; ça sert à cacher la ville qui est pleine de rues étroites, tortueuses, un peu humides, il est vrai, mais aussi de monuments précieux et de maisons pittoresques, avec des corniches et des frises curieusement sculptées. Les habitants veulent bien vous montrer la cathédrale, Saint-Ouen, Saint-Patrice, etc., magnifiques églises, mais ils sont un peu honteux de vous faire traverser les rues plantées de maisons du même âge, en harmonie avec ces chefs-d'œuvre ; ils n'aspirent qu'à voir un jour ces monuments au milieu d'une ville neuve, toute régulière, toute plate et toute jaune, comme les quais ; ce qui leur donnera l'air étrange et dépaysé, — qu'aurait eu, pour ne pas remonter plus haut, Sully à la cour de Louis-Philippe.

A une des vieilles maisons du vrai Rouen, maison dont les voûtes, les fenêtres et la porte étaient richement sculptées, frappa un matin un jeune homme de vingt-trois à vingt-quatre ans, simplement, mais convenablement vêtu. — Une sorte de domestique sauvage vint lui ouvrir ; c'était un homme de cinquante ans, dont les cheveux épais, à peine grisonnants, étaient tellement touffus et mêlés, que si on avait voulu les rendre moins incultes, on aurait naturellement songé, non à les peigner, mais à les carder.

Ses yeux, d'un bleu pâle, ne regardaient pas en face, sa voix était traînante et paraissait psalmodier. L'étranger demanda M. Hamel en donnant sa carte, à quoi le domestique répondit :

— Je vais voir s'il y est.

Il laissa l'étranger à la porte, qu'il referma à moitié, et rentra dans la maison. Il ne tarda pas à revenir et dit : M. Hamel est encore couché, mais entrez la même chose ; on vous attendait, vous allez trouver mademoiselle Anastasie qui vous mettra au courant.

En effet, en entrant dans *la salle*, l'étranger trouva une fille fraîche et dodue qui paraissait âgée de vingt-quatre à vingt-six ans. Elle était évidemment en toilette,—ainsi qu'en faisaient foi un bonnet bordé de dentelles, un fichu-foulard posé en pointe sur le col, mais plissé au moyen d'une épingle, de façon à laisser la nuque à découvert, et un tablier de soie couleur gorge de pigeon. Elle avait les yeux bleus découpés en amande des filles de la Normandie; mais ces yeux clairs, transparents, profonds, semblables à une glace sans tain, regardaient à la fois de toute la largeur de la pupille, regard large, sans pointe ;

qu'on ne pouvait rencontrer ni arrêter par un autre regard, que celui d'Anastasie aurait cerné et enveloppé.

— Vous êtes, dit-elle à l'étranger, M. Ernest Giraud?

— Oui, mademoiselle.

— Très-bien ; vous venez pour être le secrétaire de M. Hamel ?

— Oui, mademoiselle, si j'ai le bonheur de convenir à vous d'abord et à lui ensuite.

— Très-bien. — Vous savez que M. Hamel est vieux et malade?

— Oui, mademoiselle, et qu'il sait apprécier les bons soins que vous prenez de lui en vous donnant toute sa confiance.

— Très-bien... — Papa, va-t'en, dit-elle au domestique qui avait introduit Ernest Giraud.

Le domestique se retira.

— Nous avons à causer, monsieur Giraud... dans l'intérêt de M. Hamel... car je l'aime comme un père. M. Hamel est trop bon, trop généreux, trop sensible à tout ; ce sont les seuls défauts que je lui connaisse... je n'ai pu l'en corriger tout à fait... toujours dans son intérêt. Il faut que je voie toute lettre qui arrive ici et qui en part, non par curiosité, Dieu merci! je n'ai pas ce défaut-là, — mais pour écarter de lui tout ce qui pourrait l'affliger ou le jeter dans des imprudences. Je vous montrerai surtout une certaine écriture qui doit être l'objet d'une surveillance particulière.

Mademoiselle Anastasie sonna, — le vieux domestique parut.

— Papa, lui dit-elle, va chercher dans ma chambre une boîte noire qui est sur la commode.

— Mais, dit Ernest Giraud, pendant que le père Vimeux faisait la commission qu'il avait reçue, — pourquoi M. Hamel prend-il un secrétaire?

— Pour lire auprès de lui une partie de la journée, et quelquefois la nuit quand il ne dort pas. J'ai longtemps hésité à céder à cette fantaisie; je craignais qu'une nouvelle figure ne déplût à M. Hamel, ou ne vînt déranger l'état de douce tranquillité dans lequel je le fais vivre avec tant de peines et de soins... Mais M. Guichard m'a dit tant de bien de vous, m'a si bien assuré que vous ne me contrarieriez en rien de ce que je fais pour assurer le bonheur des derniers jours de M. Hamel, que j'ai consenti à vous voir remplir ces fonctions. J'ai d'abord essayé de les remplir moi-même, tant je suis dévouée à mon respectable maître. — J'ai appris à lire à vingt-quatre ans, — mais il était trop tard; je sais lire Dieu merci, mais je ne puis lire à haute voix, mon ton est traînant, monotone, et le fatigue.

Le père Vimeux rentra avec la boîte.

— Ah çà, papa, tu as mis le temps... ça n'était pourtant pas bien difficile de prendre une boîte noire sur une commode, dans une chambre où il n'y a qu'une commode et une boîte noire. Tâche donc d'être un peu plus vif. — Maintenant tu vas allumer le feu dans la cuisine, et quand il sera allumé tu mettras chauffer le lait.

Mademoiselle Anastasie ouvrit la boîte avec une petite clef choisie dans un paquet de clefs attaché à sa ceinture et en tira une lettre qu'elle présenta à Giraud. Cette lettre commençait ainsi : Comment se fait-il, mon cher oncle, que toutes mes lettres restent sans réponse, etc.

— Cette écriture est celle du neveu de M. Hamel, dit mademoiselle Anastasie, — un mauvais sujet qu'il faut éviter à tout prix de laisser pénétrer ici, il ruinerait son oncle, et abreuverait d'amertume les quelques années qui lui restent à vivre. — Vous comprenez qu'il me serait bien plus commode de lui voir une famille, à ce pauvre M. Hamel, et de me débarrasser sur quelqu'un d'une partie des soins fatigants auxquels mon affection pour lui me condamne. — Mais ce neveu, qu'il n'a pas vu depuis sa première enfance, dont le père, frère de M. Hamel, est mort brouillé avec lui, — ce neveu ne pense qu'à l'héritage de son oncle et en ferait le plus mauvais usage. Il a fini par cesser d'écrire à son oncle, si ce n'est une ou deux fois dans l'année, lettres qui ne parviennent pas à M. Hamel, qui croit que son neveu ne pense pas à lui.

Croyez-vous que vous reconnaîtrez bien cette écriture ?

— Je le crois, mademoiselle ; mais dans le doute, je ne cachetterai ni ne décachetterai pas une lettre pour M. Hamel sans vous l'avoir préalablement soumise ; par ce moyen, je vous aiderai de mon mieux dans les soins que vous prenez avec tant de zèle et de persévérance.

— Vos appointements sont faibles, mais j'aurai soin de les faire élever, à mesure que... M. Hamel sera content de vous, car je n'ai d'autre but que son bonheur, — le pauvre homme n'a plus que moi.

Voilà donc Ernest Giraud installé chez M. Hamel. — Le pauvre vieillard était fort décrépit : l'esclavage et la solitude dans lesquels le tenait Anastasie, l'avaient fait presque tomber en enfance. Ernest fut pendant quelque temps soumis à des épreuves minutieuses ; pendant qu'il était seul avec M. Hamel, les cloisons, comme certains murs, avaient des oreilles et même des yeux. — Le père Vimeux, qui exerçait par cumul les fonctions de père et de domestique de mademoiselle Anastasie, trouvait d'ailleurs toujours quelque prétexte pour entrer dans la chambre de M. Hamel.

Celui-ci ne tarda pas à prendre Ernest en affection. — Ernest lisait bien et écoutait volontiers les histoires du vieillard, qui ne parlait jamais de son existence actuelle, et vivait entièrement dans le passé.

Mademoiselle Anastasie ne s'en rapportait pas

même à son père pour les soins qui regardaient la personne de M. Hamel ; elle ne reculait devant rien pour qu'il lui dût tout plaisir, tout bien-être, tout soulagement, et, ainsi qu'elle l'avait avoué à Ernest, ce n'était qu'après de longs et héroïques efforts restés infructueux, qu'elle s'était décidée à s'adjoindre quelqu'un.

Ernest sortit triomphalement des épreuves de mademoiselle Anastasie, et fit dans sa confiance des progrès qui ne pouvaient se comparer qu'à ceux qu'il faisait dans l'affection de M. Hamel. Bien plus, le cœur de mademoiselle Anastasie s'entr'ouvrit à des sentiments qu'elle n'avait jamais éprouvés, et Ernest prit sur elle une influence qu'elle fut assez longtemps à s'avouer.

—Papa, dit-elle un jour au père Vimeux,—les souliers étaient bien mal cirés ce matin, — et il n'y avait pas une goutte d'eau dans la fontaine. — Voilà bien des fois déjà que je te reproche ta négligence, mais c'est comme si je chantais : « Va-t'en voir s'ils viennent. » Si tu ne veux pas mettre plus de soin à ta besogne, tu n'as qu'à parler, ton compte sera bientôt fait, et je ne serai pas embarrassée, avec les gages que nous donnons, pour trouver un autre domestique.

Le père Vimeux s'excusa de son mieux.

— Il faut, continua Anastasie, que ce soit moi qui fasse tout.—J'ai usé toute ma jeunesse à faire la fortune de ma famille ; j'ai consacré toute ma vie à ce vieillard horrible, et je ne trouve pas dans les autres le moindre appui.—Tu restes au cabaret dans les moments où j'ai besoin de toi, et hier encore je t'ai sonné trois fois. Où étais-tu? dans quelque bouchon. Et cependant nous voici près de notre but; le vieux s'éteint à vue d'œil. —Mais je traiterai chacun selon son mérite. —Je ne te laisserai pas manquer du nécessaire, mais je ne serai pas pour toi ce que j'aurais été si j'avais été plus contente de toi.

— Je fais de mon mieux, dit le père Vimeux, — et ce matin encore j'ai passé trois quarts d'heure dans une armoire pour ton service, —et je venais te dire ce que j'avais entendu.

— Dis donc vite.

— Le vieux parlait de son neveu. — Je ne sais quel livre M. Ernest lui lisait,—mais tout à coup il l'a arrêté, en disant : Ce livre m'attriste beaucoup ; il me rappelle mon cher frère.

— Vous avez eu un frère? dit M. Ernest.

— Oui, dit M. Hamel, et un frère avec lequel j'étais brouillé, par ma faute, quand il est mort. —C'est un regret, un remords même dont je n'ai jamais pu me débarrasser. Mon frère est mort en me maudissant.

— Soyez sûr du contraire, dit M. Ernest.

— Comment le savez-vous?

— Est-ce qu'on maudit son frère ?

Et cætera, et cætera. Il paraît que M. Ernest a dit des choses très-belles, car le vieux pleurait.

— Il pleurait, dit Anastasie,—je lui ferai défendre de pleurer, par son médecin,—et je défendrai à M. Ernest de le faire pleurer : c'est très-dangereux... pour moi.—Ensuite?

— Ensuite, on a parlé du neveu?

— Ah! ah!

— On a dit : c'est un mauvais sujet; —il a oublié entièrement son oncle.

— Qui disait cela ?

— Je ne sais plus lequel, mais ça se disait.

— Répondait-on ?

— Oui ; on disait : Ça n'est peut-être pas vrai.

— Très-bien.—Tu vas dire à M. Ernest de venir me parler... et en même temps, tu resteras près du vieux.

Le père de mademoiselle Anastasie s'empressa de lui obéir. Ernest ne se montra pas moins empressé.

— Monsieur Ernest, dit Anastasie,—M. Hamel vous a parlé de son neveu ?

Ernest rougit et dit : — Oui, mademoiselle ; — j'attendais à ce soir pour vous le dire, car il est nécessaire que vous sachiez tous les détails de cette conversation.

— Je les sais déjà à peu près, monsieur Ernest, dit Anastasie en souriant. Quel est le résultat de cette conversation? Dans quelle disposition d'esprit a-t-elle laissé M. Hamel ?

— Il va faire revenir son neveu.

— C'est impossible ; — je ne le veux pas ; ça ne sera pas. — Ce mauvais sujet le ferait mourir de chagrin.— C'est sans doute vous qui écrirez.

— J'ai déjà écrit.

— Il faut brûler la lettre.

— Cela ne dépend ni de moi ni de vous ; il l'a prise et l'a mise dans sa poche. — Je ne sais qui lui a inspiré cette défiance, mais il veut la remettre lui-même au facteur de la poste aux lettres.

—Nous saurons bien l'en empêcher; mais nous l'en empêcherons une fois, deux fois, dix fois peut-être, puis il finira par réussir, et le neveu, dont les dernières lettres étaient très-tendres et très-respectueuses, arrivera ici en trois heures, et détruira tout ce que j'ai fait... pour la tranquillité de son oncle. Il faut d'abord parer au plus pressé. Faites une lettre tout à fait semblable par l'extérieur à celle que vous avez écrite à ce maudit neveu.—Mettez dedans tout ce que vous pourrez trouver de plus décourageant; vous me la donnerez, et c'est celle-là que M. Hamel mettra à la poste. — Je m'en charge. Puis il faudra que nous trouvions moyen d'écarter à jamais ce neveu. — J'ai besoin de causer sérieusement avec vous, monsieur Ernest. — Ce soir, pendant son plus fort sommeil, à onze heures, revenez dans cette salle. — S'il se réveille, j'entendrai d'ici sa sonnette et même sa voix.—Ayez soin de me donner la lettre avant le dîner.—C'est dans la poche de côté de son habit, me dites-vous, qu'il a mis la première lettre?

— Oui.

— Très-bien. — Je vous attends à onze heures.

Pendant le dîner, le père Vimeux, qui servait à table M. Hamel, Ernest et sa propre fille, — laissa tomber la sauce d'un gigot sur l'habit de M. Hamel; Anastasie jeta un cri, se précipita sur M. Hamel, lui demanda avec une telle terreur s'il n'était pas brûlé, que M. Hamel commença à n'être pas bien sûr du contraire, et dit qu'il ne le croyait pas, — que cependant...

Anastasie envoya son père chercher la robe de chambre de M. Hamel, et lui ôta elle-même l'habit, qu'elle alla nettoyer dans la chambre à côté, habit sur lequel elle avait transporté tous les bons sentiments dont elle n'avait plus l'emploi depuis qu'il était constaté que M. Hamel n'était pas personnellement brûlé. — Un si bel habit, — d'un si beau bleu, — qu'il n'avait mis que trois fois. — Tout à coup, M. Hamel pâlit. — Anastasie! s'écria-t-il, apportez-moi mon habit.

Et en même temps il se leva pour aller le chercher lui-même. — Mais Anastasie le lui rapportait. Il se jeta sur la poche et en tira la lettre qu'il y avait mise le matin. — Puis il dit : Laissez l'habit, et venez dîner.

Mais Anastasie ne revint qu'après avoir réparé la maladresse de son père.

On sonna ; c'était le facteur de la poste. M. Hamel ordonna qu'on le fît monter, et lui confia lui-même sa lettre. — Anastasie sourit.

Le soir, Ernest, après avoir attendu longtemps Anastasie dans la salle où elle lui avait donné rendez-vous, avait fini par s'endormir dans un fauteuil. Elle arriva vers minuit et demi. — Elle était émue et sa voix tremblait. — Monsieur Ernest, dit-elle, — quand elle se fut assise auprès de lui, vous avez pris une grande influence sur M. Hamel ; une influence qui pourrait presque contre-balancer la mienne et m'inquiéter ; une influence que je me mettrais en devoir de briser par tous les moyens, si je n'y avais cédé moi-même, et si vous ne m'aviez inspiré autant d'*estime* que vous en avez inspiré à notre maître. Cependant, il est temps de nous expliquer ; jusqu'ici, vous avez tenu les promesses que vous m'avez faites ; vous m'avez aidé dans mes projets sans les connaître, et sans y voir aucun intérêt pour vous qu'une misérable augmentation de vos misérables appointements. Vous ne pouvez plus être mon subordonné, il faut que vous soyez mon allié, mon associé. Il faut que nous réunissions nos efforts, mais pour un but commun. Monsieur Ernest, s'il n'arrive pas de malheur, à la mort de M. Hamel je serai riche ; il a fait un testament en ma faveur, qui, sauf quelques legs, me laisse toute sa fortune. Un danger menace cependant mes projets. — Mais avant de vous dire quel est ce danger, et ce que j'ai imaginé pour le conjurer, il faut que vous répondiez franchement à une question : ces projets qu'il s'agit de défendre, voulez-vous qu'ils soient *nos* projets? — Cette fortune qu'il faut achever de conquérir, voulez-vous qu'elle soit à nous deux?

— Ah! Mademoiselle, dit Ernest, comment ai-je pu mériter tant de bontés?

— Ça ne se mérite pas.

— Vous me voyez confus; les expressions me manquent.

— Tâchez d'en trouver assez pour ne pas me

donner de charade à deviner, dit sèchement Anastasie. Voulez-vous, oui ou non?

— Mais.... Mademoiselle, ai-je besoin de dire que je suis trop heureux...

— L'êtes-vous seulement assez?

Ernest lui baisa la main. — Jamais on n'avait baisé la main d'Anastasie; elle demeura ravie et confuse. — Cependant elle se remit bientôt et dit : Travaillons donc ensemble. — Il faut en finir avec ce neveu. Tant qu'il ne l'aura pas vu, il se fera de lui des images charmantes; il faut qu'il vienne ici.

— Que dites-vous?

— Il faut qu'il vienne ici, et que ce soit lui qui nous débarrasse de lui-même.

— Mais.

— M. Hamel n'a pas vu son neveu depuis son enfance... sept ou huit ans. — C'est vous qui serez ce neveu.

— Moi!

— Vous-même, — vous êtes à peu près de son âge.

— Mais il me connaît comme Ernest Giraud!

— C'est égal, nous allons jouer une petite comédie bien facile, et dont il sera la dupe. — Vous êtes venu ici sous le nom d'Ernest Giraud, mais c'est un faux nom ; vous êtes en réalité Olivier Hamel, neveu de M. Hamel, — désespéré de l'éloignement que vous témoignait votre oncle, repentant de quelques torts de négligence que vous avez eus à son égard, — désireux d'exécuter les dernières volontés de votre père qui, mourant brouillé avec votre oncle, vous a cependant dit à son lit de mort : — Aime et respecte ton oncle ; vous avez appris qu'il avait besoin de secrétaire, — vous vous êtes fait présenter sous ce titre et sous un faux nom, et vous vous réserviez de lui avouer qu'Ernest Giraud est son neveu, lorsque le secrétaire aurait, à force de soins et de tendresse, reconquis l'affection qu'avait perdue le neveu.

— Quelle imagination !

— C'est très-vraisemblable.

— Mais à quoi cela vous avancera-t-il ? Car voici la suite naturelle de la comédie : — M. Hamel embrasse son neveu d'attendrissement, — il se repent d'avoir repoussé si longtemps de son cœur le fils de son frère, il déchire le testament qu'il vous a fait, déclare son neveu son héritier, et vous laisse six cents francs de rente, — que vous m'offrirez généreusement de partager avec moi, et nous n'aurons fait que les affaires du neveu que vous voulez évincer et qui viendra alors me mettre à la porte, si je suis assez sot pour l'attendre, et me reprendre et son nom et son héritage.

— Est-ce tout ?

— Mais... c'est tout ce que je prévois.

— Eh bien !... vous n'êtes pas un homme très-habile... vous, qui avez étudié. — Ah çà ! qu'est-ce qu'on vous apprend donc ? je regrette moins de ne rien savoir.

— C'est qu'il ne s'agira plus alors de tromper un vieillard prévenu et depuis longtemps sous votre dépendance, — nous aurons à subir l'examen des gens de loi, — et je ne compte pas soutenir le rôle en face du véritable Olivier Hamel, ni me faire mettre aux travaux forcés ; — c'est précisément là que s'arrête mon dévouement pour vous.

— Écoutez-moi, monsieur Ernest ; vous me paraissez n'avoir rien d'assuré dans l'avenir, —

le présent n'a rien non plus de bien magnifique; — que diriez-vous d'un projet qui vous donnerait d'ici à quelque temps une femme jeune... qui pourrait se croire jolie si elle écoutait les flatteurs, — et qui vous apporterait en dot la fortune de M. Hamel?

— Ah! Mademoiselle...

— Eh bien! pour cela, — il ne s'agit que de vous laisser diriger par moi et de m'aider à conquérir cette fortune. Je vous promets que vous n'aurez rien à démêler ni avec le neveu ni avec la justice.

— Je ferai tout ce que vous voudrez, mademoiselle.

Et tous deux se séparèrent.

— Ah! l'imbécile! disait Anastasie en s'en allant.

— Ah! la coquine! pensait Ernest en dépliant les journaux de M. Hamel.

De ce moment, Ernest Giraud et Anastasie ne furent plus occupés que de préparer le coup de théâtre convenu. Ernest avait pour le vieillard les soins tendres et assidus d'un fils. — Anastasie ne laissait rien perdre et faisait remarquer à

M. Hamel les moindres circonstances de la conduite respectueuse et dévouée de son secrétaire.

— Ah ! monsieur, disait-elle, — quel bon, quel aimable jeune homme que ce M. Ernest ! quelle assiduité au travail, — et comme il aime monsieur ! comme il est inquiet à la moindre indisposition de monsieur ! Si monsieur s'est couché un peu fatigué ou légèrement indisposé, M. Ernest attend à peine qu'il fasse jour pour me venir demander de ses nouvelles. Il y a une semaine, quand monsieur a eu cet accès d'asthme, il a voulu absolument veiller avec moi. — C'est quand il parle de vous, qu'il faudrait l'entendre, — quand il vante votre douceur et votre bonté !

Et une autre fois :

— Est-il vrai, monsieur, que ce M. Ernest soit aussi savant que vous l'avait annoncé M. Guichard ?

— Bien plus, répondit M. Hamel ; non-seulement il est fort savant, mais encore il a un goût excellent en littérature.

— C'est bien singulier.

— Que voyez-vous là de singulier, Anastasie ?

— C'est que c'est précisément ce qu'il disait hier de monsieur.

— Ah!

— Oui; il disait: M. Hamel a un discernement, un goût exercé et sûr qui me rendent nos lectures très-intéressantes, et c'est moi, ajoutait-il, qui devrais le payer pour tout ce que j'apprends dans nos conversations.

— C'est une grande modestie qui rehausse ses autres qualités.

— Et comme il est poli avec tout le monde, Monsieur! — Ses parents doivent être bien fiers d'avoir un pareil fils.

— Il n'a plus de parents.

— Ah! monsieur, quel malheur! le pauvre jeune homme! — et quand on pense qu'il y a tant de mauvais sujets qui ont des parents excellents.

— Anastasie, c'est encore pour mon neveu Olivier que tu dis cela.

— Et quand ce serait pour lui, monsieur, — je ne puis supporter sans indignation l'oubli et l'abandon dans lesquels il laisse le frère de son père. — Ah! s'il était comme M. Ernest, — que je serais heureuse de le voir auprès de vous!

— En effet, Anastasie, il est bien triste, à mon âge, de n'avoir pas un seul parent auprès de moi, Olivier surtout, le fils d'un frère que j'ai tant aimé, — qui m'aimait tant lui-même, — et qu'une mort subite m'a enlevé pendant la seule brouille que nous avons eue de notre vie.

Les qualités réelles du jeune secrétaire, sans cesse mises en lumière par les soins d'Anastasie, finirent par le rendre nécessaire à M. Hamel. Lorsque la gouvernante se fut aperçue du point où était arrivée cette affection pour Ernest Giraud, elle pensa qu'il était temps de frapper un grand coup. — Elle en prévint Ernest. — Je suis inquiète, lui dit-elle, de la manière dont vous jouerez votre rôle. — C'est le seul endroit un peu difficile; pour le reste, pour la partie de mon plan que vous ignorez encore, vous n'aurez qu'à me laisser faire, — cela ira tout seul. Mais je crains que vous n'ayez pas assez d'élan dans la scène que je prépare pour ce soir, — et c'est cependant du succès de cette scène que dépend notre fortune.

Vous rappelez-vous bien tous les détails que je

vous ai donnés pour que vous puissiez jouer au naturel le rôle d'Olivier Hamel ?

— Parfaitement, et je le jouerai peut-être mieux que vous ne pensez.

— Je le désire bien vivement, car cette scène manquée, nous serions perdus tous les deux.

— Soyez tranquille.

Malgré l'assurance que lui donnait Ernest Giraud qu'il n'avait rien oublié, Anastasie lui raconta encore l'histoire d'Olivier Hamel, de son père et de son oncle.

Ce jour-là, c'était la fête de M. Hamel. — A l'heure du dîner, Anastasie, comme de coutume, vint lui dire qu'il était servi ; il passa dans la salle à manger, appuyé sur le bras d'Ernest Giraud. — Le dîner se passa à peu près comme de coutume, mais au dessert on vit paraître sur la table un magnifique gâteau — et d'énormes bouquets. — Anastasie embrassa son maître en lui souhaitant les prospérités ordinaires.

Ernest Giraud lut une pièce de vers pleine d'allusions à l'abandon où se trouvaient et lui-même et M. Hamel. — J'ai retrouvé en vous un père, disait-il, puissiez-vous quelquefois croire que vous avez un fils !

Ernest lisait d'une voix émue, le vieillard pleurait, — Anastasie s'écria : — C'est fini, — il faut que je parle.

— Eh ! qui vous en empêche, mon enfant ? dit M. Hamel.

— Monsieur Ernest, dit-elle, je sais tout, — un hasard m'a fait tout découvrir, — je ne saurais rien, que votre émotion en ce moment me ferait tout deviner, — ce n'est pas la peine de faire des signes. — Monsieur Hamel, ce jeune homme, — ce jeune homme depuis trois mois vous entoure de soins, et vous avez pris pour lui une vive affection. — Eh bien ! c'est la nature qui parlait dans votre cœur ; ce jeune homme que vous appelez Ernest Giraud, — c'est... le fils de votre frère, — c'est votre neveu... Olivier Hamel. — Osez dire, Monsieur, que vous n'êtes pas Olivier Hamel ! Allons, embrassez votre oncle, qui vous pardonne votre négligence, et qui regrettait sans cesse de ne pas voir auprès de lui le fils de son frère.

— M. Hamel était tremblant. — Est-ce vrai ?

dit-il ; es-tu le fils de mon pauvre frère? — es-tu Olivier?

— Oui... Monsieur... oui, mon oncle.

— Alors, viens dans mes bras.

Ernest se jeta dans les bras du vieillard, — Anastasie vit des larmes dans les yeux du jeune homme.

— Diable! dit-elle, il est plus fort que je ne croyais, — il pleure !

Il fallut donner des explications, — raconter comment on s'était trompés de part et d'autre, — comment le neveu avait cru son oncle égoïste et dur, ou encore injustement irrité contre son frère mort, — tandis que l'oncle croyait que son neveu était négligent ou avait hérité du ressentiment de son père, avec lequel une mort imprévue l'avait empêché de se réconcilier, etc. — Ernest ne fit pas une seule erreur et répondit juste à tout. — Le vieillard, du reste, était si heureux, si ému, qu'il aurait encore été satisfait, même avec moins de correction que n'en mit Ernest dans son rôle.

Il fut convenu qu'il prendrait dans la maison e titre et les droits de neveu, mais il voulut absolument conserver ses attributions de secrétaire.

Quand Ernest se retira dans sa chambre, — Anastasie resta auprès de M. Hamel.

— Eh quoi! Monsieur, lui dit-elle, — ne vous étiez-vous donc douté de rien?

— Non, vraiment, Anastasie; — cependant j'aurais dû être averti par la ressemblance avec mon pauvre frère.

— Comment, vous pensiez que c'était pour cent misérables francs par mois que vous donniez à un jeune homme aussi distingué, — qu'il consentait à passer sa vie dans votre maison, à ne prendre aucune distraction au dehors, — et d'ailleurs ne voyiez-vous pas qu'il y avait de l'affection, de la tendresse même, dans ses soins pour vous? — Ah! Monsieur, il y a des choses qu'on n'a pas pour de l'argent, fussiez-vous dix fois plus riche que vous ne l'êtes; — c'est comme si vous pensiez que c'est pour de l'argent que je suis à votre service.

— Oh! vous, Anastasie, — c'est bien différent.

— Non, — ça n'est pas différent, car c'est précisément ce qui m'avait fait soupçonner M. Olivier, jusqu'au moment où j'ai trouvé une lettre à son adresse, — Olivier Hamel, — puis un mouchoir marqué O. H., puis vingt preuves à l'appui.

— Hélas! ma chère enfant, — c'est précisément ce désintéressement dont vous me parlez, et que j'ai reconnu en tout temps chez vous, sur lequel j'ai bien besoin de compter aujourd'hui.

— Comptez-y, monsieur.

— Enfin, voici mon neveu chez moi, — je ne puis plus déshériter le fils de mon frère.

— L'aviez-vous donc déshérité, monsieur?

— Mais vous avez vu le testament par lequel je vous institue ma légataire universelle.

— Oh! monsieur, je n'ai jamais pensé que ce testament subsisterait, il faut le déchirer.

— Mais, Anastasie, je ne veux cependant pas être ingrat envers vous.

— Si j'ai le malheur de vous survivre, monsieur, il ne me faudra que de quoi me retirer dans quelque endroit tranquille, — à la campagne, — dans une communauté. — Cinq ou six cents francs de rente me suffiront et au delà.

— Excellente fille!

Il fut, en conséquence, convenu que le testament serait déchiré et qu'un autre testament ré, tablirait Olivier Hamel dans tous ses droits. — Cependant l'exécution de ce projet fut tantôt ajournée sous divers prétextes, tantôt oubliée par diverses raisons.

Il vint un jour où Anastasie dit à Ernest Giraud :

— Voici joué et avec succès le premier acte de la comédie, — le bonhomme y a mis de la complaisance, — il a été jusqu'à vous trouver de la ressemblance avec son frère; vous avez été admirable de naturel et de vérité. — Nous allons passer au second acte, votre rôle maintenant est beaucoup plus facile.

Comme vous me le disiez lorsque, pour la première fois, je vous ai confié des espérances et des projets qui sont aujourd'hui à nous deux, — non-seulement si nous en restions là, cela ne nous avancerait à rien, — puisqu'à la mort du bonhomme vous ne pourriez continuer à passer pour son neveu, mais, bien plus, nous aurions détruit nos espérances et nous aurions fait la fortune du véritable neveu. Ce n'est pas mon intention.

Depuis quelque temps M. Hamel parlait souvent de son frère et pensait à son neveu sans en parler. Ce jeune homme n'a, à l'égard de son oncle, que des torts négatifs qu'il lui aurait été bien facile de faire oublier. — La moindre tentative de sa part aurait réussi en ruinant toutes nos espérances. — Nous en avons eu la preuve. — Ce vieux grigou a bien vite consenti à me reprendre tout ce qu'il m'avait donné pour prix du sacrifice de presque toute ma jeunesse, pour le donner à un neveu qu'il ne connaissait pas.

Maintenant il faut que ce neveu n'ait plus seulement de légers torts d'oubli et de négligence, il faut qu'il ait des torts graves, des torts que M. Hamel ne pardonne pas. Il faut, d'ici à quelque temps, lui donner de tels sujets de mécontentement qu'il vous mette à la porte, et que si le vrai neveu s'avise de faire une tentative de rapprochement, je sois armée d'une défense formelle de le laisser pénétrer ici. — Il faut que M. Hamel ne réponde pas à une lettre, n'écoute aucune proposition. Pour cela, vous n'aurez qu'à suivre mes conseils, et il vous aura bientôt pris en grippe. — Vous vous ferez renvoyer. — Vous écrirez une ou deux lettres impertinentes. — Il m'ordonnera de les brûler désormais sans les lire. — Que le véritable neveu arrive ensuite quand il voudra, — je ne le craindrai plus.

Pour nous, nous nous verrons le plus souvent possible, jusqu'au jour où la mort de M. Hamel nous permettra de mettre à exécution nos autres projets.

— Vous allez commencer par devenir inexact dans vos fonctions. Vous rentrerez tard pour le dîner, vous sortirez le soir, — puis vous découcherez, puis vous répondrez sèchement aux observations, puis vous parlerez avec instance du testament, vous le ferez penser à sa mort, — vous menacerez de vous en aller si vous n'avez pas entre les mains un testament qui vous donne toute sa fortune, — vous demanderez de l'argent souvent et beaucoup ; — enfin, si ce n'est pas assez, je me plaindrai de vous, — j'irai jusqu'à dire que vous êtes amoureux de moi, — que vous me persécutez, — que vous avez essayé de vous introduire dans ma chambre, etc.

Enfin dans un mois il faut que le neveu, notre ennemi commun, ait été chassé, déshérité, et qu'il n'y ait pour lui, dans la mémoire de M. Hamel, que des sentiments de colère, d'indignation et de haine.

Vous me comprenez bien.

Le lendemain, l'Anastasie fut fort surprise de voir Ernest Giraud n'apporter aucun changement dans ses habitudes. — Il fut aussi soigneux, aussi respectueux avec M. Hamel. — Il fut exact aux repas et ne sortit pas le soir.

Elle lui en fit des reproches. — Il allégua la crainte d'aller trop vite et de choquer la vraisemblance.

Quelques jours après, à de nouvelles observations, il répondit qu'il avait demandé de l'argent, — qu'il avait parlé de testament, et que M. Hamel en avait paru fort contrarié.

Mais Anastasie s'aperçut bientôt que le vieillard ne diminuait rien de son affection pour Ernest Giraud.

Elle fournit au secrétaire divers moyens de choquer M. Hamel, mais il n'en tint aucun compte.

— Vous gâterez tout, lui dit-elle, si vous voulez agir à votre tête, laissez-vous guider par moi,

— sinon, faute de vous faire chasser aujourd'hui en assurant notre fortune, vous nous ferez chasser plus tard tous les deux, et chasser honteusement ruinés.

Enfin il vint un jour où il parut évident à Anastasie qu'Ernest la trompait, — d'étranges soupçons lui traversèrent l'esprit. — Quel intérêt, pensa-t-elle, — peut-il avoir à se séparer de moi? prolonger encore quelque temps la situation qu'il a ici ? — Mais il doit bien comprendre que tout s'écroulera aussitôt que je le voudrai. — S'entendre avec le vrai neveu?... Ça, ça serait assez fort, — et ça ne m'étonnerait pas, depuis que je l'ai vu pleurer dans la scène de la reconnaissance.

Elle eut avec Ernest une dernière explication. — Il répondit avec insouciance qu'il ne voulait pas être pressé, — que, d'ailleurs, il se trouvait bien comme cela, — qu'il verrait plus tard ce qu'il ferait, — qu'il avait pris M. Hamel en affection, et que ça le chagrinerait de s'en séparer, — qu'il aviserait, — etc.

Anastasie vit que l'alliance était rompue. —

Elle n'était pas fille à reculer; elle engagea résolûment le combat.

Un soir, après qu'Ernest se fut retiré, elle resta dans la chambre du vieillard.

— Monsieur, dit-elle d'un air solennel et mystérieux, j'ai fait une horrible découverte... vos pistolets sont-ils chargés ?

— Quoi ? qu'est-ce qu'il y a ? — demanda le vieillard effrayé.

— Reprenez votre sang froid, — monsieur, — il n'y a peut-être pas de danger pour cette nuit; — mais, enfin, il vaut toujours mieux être sur ses gardes.

— Enfin... parlerez-vous ?

— Monsieur... l'homme qui sort d'ici...

— Qui ça ? — Olivier ?... mon neveu.

— Il n'est pas votre neveu. — Il ne s'appelle pas Olivier.

— Allons donc.

— Peut-être même ne s'appelle-t-il pas Ernest Giraud. — Ces gens-là ça n'a pas de nom... de nom que ça puisse avouer.

— Ah çà, allez-vous vous décider à parler ?

— Eh bien, — monsieur, — il faut que ce soit

un malfaiteur, — un voleur... peut-être même un assassin, — mais, à coup sûr, ce n'est pas votre neveu Olivier, et alors pourquoi s'introduirait-il ici sous ce titre ?

— Allons donc, Anastasie, vous rêvez ; mon neveu n'est plus mon neveu ?

— Il ne l'a jamais été, monsieur.

— Mais c'est vous qui avez découvert qu'il l'était.

— Il m'avait trompée la première, — voilà tout ce que cela prouve.

— Mais sa ressemblance avec mon frère ?

— Elle n'existe que dans votre cerveau ; et, à vous parler franchement, je ne l'avais jamais trouvée, à en juger par le portrait de lui qui est dans le salon.

— Mais alors, que viendrait-il faire ici ?

— C'est précisément ce que je me suis demandé à moi-même, et ce que je vous demandais tout à l'heure.

— Appelez-le.

— Auprès de vous ! la nuit ! — Quand il se verra découvert, il est capable de nous assassiner tous les trois. — Enfermez-vous, barricadez-vous dans votre chambre, avec vos pistolets chargés sur votre table de nuit. — Puis demain matin, au jour, j'irai lui porter une lettre de vous, — une lettre courte, mais de la bonne encre. Une lettre qui dira : — je sais tout ; vous êtes un imposteur ; — vous n'êtes pas mon neveu Olivier. — Aussitôt la lecture de cette lettre, quittez cette maison sans bruit ; — autrement, vous ne vous en prendrez qu'à vous de ce qui arrivera, lorsque la justice aura pris connaissance de votre imposture.

— Non, Anastasie, je veux le voir ; je veux voir encore si cette ressemblance avec mon frère est, comme vous le prétendez, un jeu de mon imagination.

— Au nom du ciel, monsieur, ne vous exposez pas.

— Je veux que vous l'appeliez, Anastasie, ou bien je vais me lever et aller le trouver.

— Ne vous en donnez pas la peine, me voici, dit en entrant dans la chambre, le secrétaire de M. Hamel, qui s'était douté de ce qui se passait, et qui avait écouté à la porte.

Anastasie eut peur, non de ce qu'elle voulait

qu'on crût qu'elle redoutait, mais d'une explication qui allait probablement leur faire donner leur congé à tous deux.

— Sortez, sortez ! — s'écria-t-elle, — sortez ! ou je crie, j'appelle au secours, j'appelle à la garde !

— N'en faites rien, Anastasie, dit sévèrement M. Hamel ; — et vous, monsieur, approchez. — Vous êtes ici sous le nom de mon neveu Olivier?

— Oui, monsieur.

— Anastasie prétend que ce nom ne vous appartient pas.

— Anastasie se trompe, mon cher oncle ; — voici mon extrait de naissance, — l'acte de mariage de ma mère, et la dernière lettre que mon père mourant m'a adressée.

. . . .

HISTOIRE

DE TANT DE CHARMES

ET DE LA VERTU MÊME

A GÉRARD DE NERVAL.

I

C'était dans une maison de la rue Vivienne, — nº 8, je crois, il doit y avoir encore une terrasse au fond de la cour; — sur cette terrasse est un logement composé d'un grand atelier de peinture et de trois petites chambres. — Quand on est arrivé on a gravi sept étages, — mais sept étages tellement longs, — que chacun est coupé en deux par un carré. Aussi les habitants de la terrasse ne se faisaient-ils aucune faute de dire qu'ils demeuraient au quatorzième.

L'atelier avait à peu près dix-huit pieds de haut — et trente pieds en carré, il était meublé de tableaux sans cadres et de cadres sans tableaux, de fauteuils en bois sculpté recouverts de velours pourpre, — et de chaises de paille, sans paille et sans dossiers ; — sur une table on voyait des assiettes du Japon de la plus grande beauté, dans lesquelles on avait mangé pour deux sous de fromage de Brie. — Vous auriez difficilement trouvé un couteau, — mais il y avait, accrochés aux murailles, — des yatagans et des poignards — à lames de damas et à poignée richement ciselée.

Un lit du temps de la renaissance, à colonnes torses, à rideaux de brocatelle ponceau et bleue, livrant aux regards trop curieux un mauvais petit matelas mince comme la main — et une vieille couverture de laine trouée.

Sur un chevalet, des habits de velours et de soie du temps de Henri III ; sur un autre, le seul habit du maître de l'atelier, — noir, — usé, — râpé, — blanc sur les coutures, — amolli — et ayant un air de désespoir et de découragement qui faisait pitié. Une porte ouverte dans un mur d'une formidable épaisseur, — servait autrefois de communication entre l'atelier et une des trois pièces composant le reste du logement.

Mais à l'époque où se passe mon histoire, deux amis, qui s'étaient partagé l'appartement, — avaient fait de l'espace compris entre les deux portes, une armoire appartenant à l'atelier du côté du logement ; — un clou fiché dans le mur et un lit de sangle placé en travers de la porte — la condamnaient suffisamment. Le lit de sangle était tout le mobilier de cette partie du logement, — avec un gros chat qui dormait, et un buste de Corneille en plâtre. — Le pauvre Pierre ! — Je ne sais si c'était par hasard, — mais il avait le haut de la tête enlevé, — et sa tête servait d'*armoire* et de *caisse*. — Par terre, plusieurs brochures de toutes couleurs.

Le maître de l'atelier était un peintre,—celui de la chambre, un comédien ; — tout le logement appartenait au peintre, qui hébergeait le comédien. — Le peintre, marié depuis dix ans, avait une femme qui exerçait sur lui la plus sévère tyrannie ; elle ne lui permettait ni le repos, — ni la gaieté, ni le bruit. — Elle ne pardonnait ni ne comprenait la plus légère erreur. — Froide, — calme, — impassible, — elle faisait payer cher à son mari le bonheur d'avoir une femme sage. — Quand elle n'était pas là, — lui et le comédien, — auquel elle inspirait bien aussi quelque terreur et qu'elle ne voyait pas de trop bon œil, l'appelaient *la Vertu même*. La manie du peintre Rodolphe Mélin était d'acheter tout ce qu'il trouvait *à bon marché*, de quelque nature que ce fût, — prétendant toujours devoir en tirer plus tard d'énormes bénéfices, — et ne pensant plus à revendre les objets une fois qu'il les avait entassés sur les terrasses. — A l'époque où commence ce récit, il était possesseur d'une lieue un quart de tuyaux de poêle qu'il comptait revendre avantageusement au commencement de l'hiver.

Le comédien n'avait aucun talent ; — il avait lu tout ce qu'on a écrit sur la comédie ; — il parlait sans cesse de l'*art*, — reconnaissait son incapacité et s'accablait d'injures, après chacun de ses nombreux insuccès. — Cependant il comptait sur le temps et sur sa persévérance.

Ce jour-là, il rentra tard, — il avait eu un *désagrément* réel : — il n'avait qu'un rôle fort court et qui consistait à paraître avec une cuirasse de carton, et à dire : *C'en est fait, il est mort !*

Je ne sais comment la chose se fit, mais en entrant en scène, il s'était troublé, et il avait dit : *C'en est mort, il est fait !*

Cela avait excité plus de gaieté qu'il n'est agréable à un acteur tragique d'en causer.

Il rentrait donc triste et abattu.

Comme le comédien rentrait dans sa chambre, qu'il appelait ironiquement *Venise la belle*, le chat vint en miaulant se frotter contre ses jambes. *Thémistocle Pélissier* d'abord le repoussa d'un coup de pied, — puis, le rappela. — Viens, Joconde, lui dit-il, et pardonne-moi ; — il me sied bien vraiment de faire aujourd'hui le fier avec les chats, — comme si je n'avais pas été au-dessous de la brute. — Il prit le chat dans ses bras et le caressa. — Certes, quand Dieu voulut descendre sur la terre, il choisit la figure de l'homme, comme la forme la plus humble et la plus misérable. — Pélissier posa le chat à terre, et se dirigea vers un coin de son appartement où il avait déposé son souper ; — mais l'assiette était vide et nettoyée avec une telle netteté, qu'il reconnut tout de suite la langue râpeuse de Joconde. — Eh bien! tu as eu raison, — dit-il, — tu as mangé mon souper; tu as bien fait. — Je devrais brouter l'herbe ; — tu as laissé ta pâtée ; je vais manger ta pâtée ; c'est encore bien bon pour moi. — Tiens, couche-toi sur mon lit, — moi, je coucherai par terre sur ton paillasson. — Ont-il assez ri ! — J'ai cru que la salle en croulerait, et les applaudissements, —et les trépignements, et les *bis*. — J'avais envie de me sauver, — de sortir de scène et de me jeter par la fenêtre de ma loge. — *C'en est mort, — il est fait !*

Et qui m'assure qu'*elle* n'était pas là ? Quand je me suis en allé, il m'a semblé que le portier riait. — Les gendarmes riaient en quittant le théâtre. — Tout riait. — Le vent riait dans les lanternes, qu'il balançait avec un bruit strident. Les cochers de fiacre me criaient *gare*, d'un air ironique. — Enfin me voilà seul. — Si je pouvais dormir.

Pélissier plongea la main dans la tête de Pierre Corneille, et en retira un bonnet de coton, qu'il mit sur sa tête. — Puis, il revint à son lit, sur lequel, dans son premier mouvement, il avait mis la pâtée du chat pour en faire un souper que sans doute il n'eût pas mangé. — Mais Joconde était enfoncé dedans jusqu'aux oreilles, et il n'en restait presque plus. — Pélissier, exaspéré de cette dernière mésaventure, — prit l'assiette et le chat, et jeta le tout par la fenêtre, — sans l'avoir ouverte préalablement ; c'est-à-dire à travers les vitres, qui se brisèrent avec fracas.

On frappa alors à la porte, devenue une armoire, qui communiquait de l'atelier à la chambre de Pélissier, et la voix de Rodolphe Mélin fit entendre : — Ohé ! maître Lekain, — ne trouvez-vous pas ces fureurs d'Oreste un peu indues, quant à l'heure, et peu propres à favoriser le sommeil des gens ?

Le nom de Lekain était une des facéties accoutumées de Mélin, qui n'en avait que cinq ou six, qu'il faisait reparaître à tour de rôle. —

Mais dans les circonstances où se trouvait Pélissier, il trouva la plaisanterie de mauvais goût et n'y répondit pas.

— Eh ! ne m'entends-tu pas? — reprit Mélin en frappant plus fort, et en ouvrant celle des deux portes qui était de son côté...

Pélissier dérangea son lit, — enleva avec les doigts le mauvais clou qui retenait l'autre porte, et l'ouvrit de son côté. — Comme te voilà fait, dit Rodolphe Mélin. — Je te prierai à l'avenir, répondit l'acteur, si toutefois cela est une réponse, — de m'appeler par mon nom de Thémistocle Pélissier, et de ne point me donner de ridicules sobriquets; — je suis las de tes lazzi d'atelier, qui n'ont pas le sens commun.

Et il se mit à se promener dans sa chambre à grands pas. — Et comme Mélin le regardait avec de grands yeux étonnés et riait de sa fureur, — il serra les poings et dit : — C'est bien plaisant, — va; — ris, — ris tout seul, — ris tant que tu voudras, —mais laisse-moi dormir. — Ris donc, tu ne ris plus, ris donc, — sois comme les autres de ce soir. — Ris.

Rodolphe Mélin vit jour pour sa seconde plaisanterie, qui consistait à faire ce qu'il appelait des queues de mots, — et il s'écria :

Ris de veau cluse, ton habit mélec ture de sanglier, par les pattes éthique tac de moulin à vent ture de sanglier par les pattes éthique tac de moulin à vent ture, etc.

Langage barbare et inintelligible qu'il scandait ainsi, quand il voulait être compris :

Ris de veau — Vaucluse — use ton habit — Abimélec — lecture — hure de sanglier, lié par les pattes — pathétique — tictac de moulin à vent — aventure — hure de sanglier, etc.

C'était un genre de calembours sans fin qu'il avait inventé, et un abus de la dernière syllabe de son interlocuteur, auquel il se livrait des heures entières, avec une facilité et une volubilité désespérantes.—Est-ce que tu ne soupes pas ?

— Je viens de jeter mon souper par la fenêtre, avec Joconde qui l'avait mangé.

— *J'ai longtemps parcouru le monde, et l'on m'a vu de toutes parts*, fredonna Mélin. — Je doute que l'autre Joconde ait jamais voyagé comme cela. — Il y a une aile de volaille, que je vais tâcher de prendre, si tu *n'as pas* toutefois réveillé *la Vertu même*, qui a été toute la journée d'une humeur massacrante.

Rodolphe ôta sa robe de chambre pour ne pas réveiller sa femme par le frottement qu'elle faisait, disparut et revint bientôt avec l'assiette promise et une bouteille de vin entamée. Ce souper inattendu ne tarda pas à remettre un peu de calme dans l'esprit de Pélissier et à le disposer à écouter avec une bienveillance plus marquée les paroles de son ami.

— Je t'ai attendu, parce que je ne puis dormir ; — je suis en proie à la plus violente agitation ; — j'ai écrit à la dame de mes pensées, — et toi, — as-tu écrit à la tienne?

— Oui, répondit Pélissier, et une lettre un peu bien, — une lettre en vers.

— Tu fais des vers !

— A peu près, je m'en rappelle ; je prends un demi-vers ici, un vers et demi là, — et je recouds le plus proprement possible. — Tiens, écoute. — Et Pélissier prit sa voix de théâtre, — c'est-à-dire une voix gutturale, éclatante et éraillée à la fois, — comme du cuivre fêlé.

Je ne puis plus lutter, et je vous rends les armes,
Les dieux mêmes voudraient céder à tant de charmes.

— Ouf, interrompit Mélin.

— *Je vous vis,* — continua Pélissier.

Je vous vis, — je rougis, — je pâlis à *votre* vue,
Mes yeux ne voyaient plus, je ne pouvais parler,
Je sentis tout mon cœur et transir et brûler.
....
Vous voyez devant vous baigné de douces larmes,
Un malheureux vaincu, — vaincu par tant de charmes.

— Encore *tant de charmes,* — dit Mélin.

— Les bons auteurs en sont pleins, — dit Pélissier, reprenant sa voix ordinaire, — et Racine en regorge ; et toi qu'as-tu écrit ?

— Pas de si belles choses, — mon ami Pélissier, — mais des choses qui promettent des résultats plus immédiats.

— J'ai écrit que mademoiselle *Trois Étoiles* — était priée de venir chez MADAME Mélin, — *madame,* tu entends, — pour *s'entendre* avec elle pour la façon de diverses... choses dont ladite madame Mélin a besoin. — Et madame Mélin étant absente demain toute la journée...

— Et tu continues à ne pas savoir quel est

l'objet de ton ardeur? reprit Pélissier. — *Seigneur,* — reprenant la voix de cuivre.

> Au nom des pleurs que pour vous j'ai versés,
> Par vos faibles genoux que je tiens embrassés,
> Délivrez mon esprit de ce doute funeste.

J'imiterai ta discrétion; — mais ton audace me pique et je prétends demain m'introduire chez Aricie.

— Elle s'appelle Aricie?

— Non, c'est l'amoureuse de la pièce à laquelle appartiennent les vers que je viens de dire. Tu appelles la tienne *Trois Étoiles,* j'appellerai la mienne...

— *Tant de charmes.*

— *Tant de charmes,* si tu veux, mais je la verrai demain.

— Si tu savais comme elle est jolie, Pélissier, — si tu voyais...

— O Mélin, mon bon ami,

> Ou laissez-moi dormir, ou ne m'endormez pas.

Allez vous étendre près de *la Vertu même.*

— Égoïste, — dit Mélin, — tu brûlerais la maison de ton ami pour allumer ta pipe, — et tu lui refuserais ensuite du feu pour la sienne.

— Il est fâcheux que ces belles paroles ne puissent être empaillées, reprit Pélissier en poussant Rodolphe dehors, je les mettrais sur ma cheminée, pour faire pendant au buste du grand Corneille. — Puis il replaça le clou qui fermait la porte, — et se mit à la fenêtre, — où il resta pendant plus d'une heure les yeux fixés sur une fenêtre vis-à-vis de la sienne, où, à travers des rideaux de mousseline — et un réseau de liserons qui commençaient à ouvrir leurs fleurs roses et bleues à la fraîcheur de la nuit, on voyait vaciller la pâle lueur d'une veilleuse.

C'était là que demeurait la belle fille dont le comédien était amoureux.

Le lendemain, dès le lever du soleil, Pélissier, qui s'était endormi tard, — fut réveillé brusquement par sa sonnette.

Il passa à la hâte une longue redingote et des pantoufles et ouvrit la porte à un jeune homme porteur d'un paquet. — Monsieur voici votre gilet.

Pélissier fut abasourdi du coup.

En effet, à un mois de là il avait confié à un

teinturier-dégraisseur — un gilet à nettoyer ; — on lui avait rapporté son gilet, — et Pélissier, n'étant pas en fonds, avait, pour ajourner le payement, donné une cravate à teindre ; — quand on avait rapporté la cravate, il avait donné un pantalon tout neuf, — puis après le pantalon, le gilet qu'il avait eu le temps de salir de nouveau ; chaque fois que le teinturier revenait, la somme à payer se trouvait plus forte et les ressources les mêmes, — c'est-à-dire nulles.

Pélissier jeta autour de lui un regard de détresse, — il n'y avait plus rien à donner au dégraisseur, — et conséquemment pas de prétexte pour ne pas payer le mémoire. — Un moment étourdi, égaré, — il se baissa pour prendre ses bottes, — mais le teinturier ne pouvait rien faire à une paire de bottes ; il plongea le bras dans la tête de Pierre Corneille ; — mais il n'y trouva pas huit sous.

Ses idées étaient horriblement confuses ; — le teinturier, debout, attendait en silence.

Thémistocle Pélissier eût voulu que la maison s'abîmât sur eux deux, — mais tout à coup, il avisa sur le pied de son lit, la robe de chambre de Mélin, que le peintre qui s'en était dépouillé pour aller chercher le souper de Pélissier, n'avait pas pensé à remettre; — c'était une fort belle robe de chambre de damas jaune. — Pélissier la donna au dégraisseur pour qu'il la teignît en rouge et le congédia.

D'un autre côté, madame Mélin faisait un bruit affreux, — elle ne trouvait plus *la moitié* d'un poulet qu'elle avait réservé pour le déjeuner. Elle voulait partir de bonne heure et il lui fallait maintenant aller chercher des provisions. — Mélin s'était bien gardé d'avouer qu'il avait enlevé le poulet, et laissait planer les soupçons de sa femme sur les chats les plus innocents. — Madame Mélin, résignée, sortait avec son panier, lorsque Pélissier frappait à la porte officielle de l'atelier. — A sa vue, madame Mélin laissa échapper un cri d'étonnement et d'indignation. — Ce n'était pas que Pélissier ne fût d'un aspect agréable. — Il avait mis sa belle redingote verte à brandebourgs, — des touffes de cheveux ramenées en avant dissimulaient les traces bleues du rasoir; car Pélissier, comme plusieurs de ses confrères, se faisait par ce moyen artificiel un front que la nature lui avait refusé. Un col de chemise en papier à lettre sortait d'une cravate noire parfaitement pliée. — Il avait ajouté à cette parure son lorgnon, quoiqu'il eût la vue excellente, et des éperons, quoiqu'il ne fût jamais monté à cheval de sa vie. — C'étaient, les éperons, un luxe, et le lorgnon une infirmité qu'il ne mettait qu'aux grands jours, et quand il avait quelque projet en tête pour lequel il croyait avoir besoin de tous ses avantages.

Ce qui avait arraché un cri à madame Mélin, c'était la vue d'un plat que Pélissier tenait à la main ; — elle avait reconnu son plat, — le plat dans lequel était, la veille, la *moitié* de poulet cherchée, regrettée depuis le matin.

Mélin feignit d'être entièrement occupé de sa toile.

— C'est donc à dire, — monsieur Pélissier, — s'écria madame Mélin, — que vous dérangerez tout dans la maison? — Voici deux heures que je cherche *mon poulet*.

Il n'y avait jamais eu en réalité sur le plat qu'une aile de poulet, — quoique depuis le matin, madame Mélin eût déploré la perte d'un demi-poulet, — et qu'à ce moment elle reprochât un poulet tout entier au malheureux Thémistocle.

Mélin comprit que la réponse de Pélissier, quelle qu'elle fût, allait faire crever un nuage de colère, — et pour l'empêcher de parler, il dit tout haut : — Où diable est ma robe de chambre ?

— Sans doute dans la chambre de M. Thémistocle, — comme l'autre jour tes bottes, et mon parapluie, jusqu'à mon châle dont il fait un turban.

Au moins il ne l'aura pas toujours mangée, ta robe de chambre.

Ce n'était pas le moment pour Thémistocle d'avouer qu'il l'avait donnée à teindre en rouge. Il haussa les épaules, — ne répondit pas, prit les gants de Rodolphe Mélin, — et descendit l'escalier en fredonnant : *Adieu, Venise la belle.*

II

OU PARAIT MADEMOISELLE ***.

La Vertu même était sortie depuis plus de trois heures, — et Rodolphe Mélin avait passé tout ce temps à chercher sa robe de chambre de damas jaune sur l'effet de laquelle il comptait beaucoup pour la visite qu'il espérait recevoir. Il avait mis dans l'atelier un ordre inusité, et dans l'ajustement de sa personne des recherches incroyables. Il cherchait encore, lorsqu'on frappa à la porte. — Son cœur battit violemment, — il jeta un coup d'œil au miroir, — passa la main dans ses cheveux, — et alla ouvrir. — C'était elle, — c'était mademoiselle *Trois Étoiles* — avec ses bandeaux de cheveux bruns, — ses grands yeux doux et modestes, — sa taille svelte et élégante. — Elle demanda madame Mélin, — sans paraître nullement étonnée de rencontrer *son époux*.

— Madame Mélin est sortie, mais elle ne tardera pas à rentrer; et elle m'a chargé de prier mademoiselle de l'attendre. — Il lui offrit un fauteuil, — s'assit lui-même et fut quelque temps sans parler, tout embarrassé de la sérénité de la belle fille. — Certes, il avait mille fois depuis la veille préparé les discours qu'il lui tiendrait; — mais dans toutes ses prévisions il n'avait pas fait entrer qu'elle ne le reconnaîtrait pas, et qu'il acquerrait la fâcheuse conviction qu'elle ne l'avait jamais remarqué. — Il commença donc par des lieux communs et, en attendant que les idées et le courage lui revinssent, demanda à mademoiselle*** si on n'avait jamais fait son portrait, et affirma que ce serait une charmante chose à faire; — ajouta qu'il y pensait depuis longtemps; — que même, la voyant souvent à sa fenêtre, il avait fait d'elle une petite esquisse assez ressemblante; — que ce n'était pas terminé du tout, — mais que cependant il allait le lui montrer. — Il tira l'esquisse d'un carton et la fit voir à mademoiselle*** qui se sentit rougir d'aise de se voir si charmante; puis, tout à coup, embarrassée de cette impression, elle demanda: — Pensez-vous que madame... Mélin soit encore longtemps à rentrer?

— Oh mon Dieu non, elle devrait être ici déjà, — *j'espère* qu'elle ne tardera pas, — peut-être est-elle dans l'escalier. — A ce moment — Rodolphe se rappela qu'il avait laissé la clef à la porte et que tout le monde pouvait entrer ; il feignit d'aller regarder par-dessus la rampe de l'escalier s'il verrait monter madame Mélin, qui était partie depuis trois heures pour Saint-Germain, d'où elle ne devait revenir que le lendemain ; — et, en effet, pour aviser à retirer la clef adroitement ; mais à peine eut-il regardé à travers l'escalier, — qu'il rentra dans l'atelier pâle et défait.

— Oh mon Dieu, mademoiselle !

— Et qu'avez-vous donc, monsieur ?

— Mademoiselle, — c'est que voici madame Mélin qui monte.

— Eh bien ! monsieur, tant mieux, puisque je l'attends.

— Elle monte, mademoiselle, elle monte.

— Mais, monsieur, qu'avez-vous donc? — êtes-vous malade ? — vous arrive-t-il quelque chose ?

— Il ne m'arrive que ma femme, et c'est assez. Mademoiselle, sauvez-vous.

— Comment, monsieur, me sauver, et pourquoi me sauver ? madame Mélin m'écrit de venir chez elle et me fait prier de l'attendre ; — elle rentre et elle me trouve à ses ordres, — il n'y a rien là que de fort naturel.

— Vous ne comprenez pas, mademoiselle; mais au nom du ciel, allez-vous-en !

— Monsieur, dit mademoiselle***, en se dirigeant vers la porte, — je le veux bien ; — mais je vais demander à cette dame l'explication de ce qui se passe.

— Gardez-vous-en bien, mademoiselle,— vous et moi nous serions perdus.

— Mais, monsieur...

— Oh ! mon Dieu, je l'entends ; il n'est plus temps que vous sortiez, elle verrait que vous venez d'ici.

— Alors je vais rester.

— Ah ! tenez, tenez, s'écria Mélin, comme illuminé d'une idée subite. — Entrez ici, cachez-vous ici, — et il ouvrit l'armoire qui donnait chez Thémistocle.

— Mais, monsieur, je ne veux pas me cacher, je n'ai rien fait de mal,— je ne me cacherai pas.

— Cachez-vous, mademoiselle, cachez-vous.

— Je ne veux pas me cacher, monsieur.

Mais la terreur de Rodolphe Mélin était si profonde, que mademoiselle*** commençait à en avoir pitié et qu'elle la partagea, quand, à un coup frappé à la porte, elle le vit chanceler et perdre haleine ; alors, pâle et tremblante elle-même sans savoir pourquoi, elle se laissa pousser entre les deux portes et enfermer.

Madame Mélin, car c'était elle qui, ayant manqué la voiture, avait renoncé à son voyage et avait fait seulement quelques visites avant de rentrer, — madame Mélin commençait à frapper plus fort. — Mélin s'était remis devant sa place, essayait de fredonner, mais sa voix chevrotait. — Il cria : — La clef est à la porte. — Elle n'y est pas, répondit madame Mélin.

— Tiens, c'est toi, dit le peintre, et il alla ouvrir, — puis sans regarder sa femme, se replaça à son chevalet et travailla en fredonnant, pour dissimuler son trouble :

Les Jésuites n'auront pas
La tour de Saint-Nic... que, Nic... que, Nic...
Les Jésuites n'auront pas
La tour de Saint-Nic... que, Nic... que..., etc.

Sans jamais arriver à dire *Saint-Nicolas*, que l'oreille attend inutilement, ce qui ne tarde pas à être insupportable.

—Ah çà, veux-tu bien finir ta ridicule chanson? s'écria madame Mélin impatientée; — mais que se passe-t-il? Depuis que je suis là, tu peins avec ta palette retournée, les couleurs en dessous...

— Tiens, c'est vrai; c'est la joie de vous revoir, madame Mélin.

— Mais comme tu es tiré à quatre épingles, comme tu sens bon! qu'est-ce que cela veut dire, tu as pris ma pommade?

— Moi... ah! oui, un peu... c'est que... vois-tu... mais j'en ai mis fort peu. — Est-ce que tu ne vas pas t'occuper du dîner?

— Tu me laisseras au moins le temps de me reposer; et d'ailleurs je n'ai pas besoin, je crois, qu'on me dise ce que j'ai à faire; — j'ai dit au traiteur en bas d'apporter à dîner pour que je n'aie pas à redescendre.

— Ah! tu ne veux pas sortir...

— Non, certainement.

— Fais comme tu voudras.

— C'est bien mon intention.

III

RETOUR DE JOCONDE.

Pélissier rentra chez lui d'assez mauvaise humeur, — mais momentanément adouci en retrouvant à la porte son chat qui vint à lui en faisant le gros dos, en ronflant et se frottant contre ses jambes. — Tiens, te voilà, Joconde; — eh bien ! je ne croyais guère te revoir ; — à quelle gouttière t'es-tu accroché en tombant hier? — Oui, ajouta-t-il, avec sa voix de cuivre,

> Oui, puisque je retrouve un ami si fidèle,
> Ma fortune va prendre une face nouvelle ;
> Et déjà son courroux semble s'être adouci,
> Depuis qu'elle a pris soin de nous rejoindre ici.

Il ouvrit la porte et entra avec Joconde. — Eh bien, te voilà revenu chez toi, — Joconde, — te voilà dans cette opulente Venise, — *Venezia la bella.*

Et il se mit à chanter:

> Quand le devoir l'ordonne,
> Venise, on t'abandonne,
> Mais c'est sans t'oublier.

Il se promena dans sa chambre et reprit toute sa préoccupation ; il ouvrit la fenêtre et regarda celle de la voisine d'en face, *fermée !* — Selon sa résolution, il était monté dans la maison en face, il avait frappé à une porte, — un monsieur avait ouvert. — Monsieur, je cherche une demoiselle qui... qui... une demoiselle brune qui a des fleurs sur sa fenêtre.

— Ah ! la couturière.

— Oui, — c'est pour une dame...

— La porte à côté.

— Merci, monsieur.

Il frappa, — il n'y avait personne, — il alla se promener et revint deux heures après ; — mais une portière centenaire, qu'il avait évitée la première fois, l'aperçut celle-ci — et lui demanda où il allait ; il répondit un nom de hasard d'une manière inintelligible, — et monta l'escalier en courant ; — mais on n'était pas rentré. — Comme il descendait, la portière lui barra le passage. — D'où venez-vous ? vous ne savez donc pas lire : *Parlez au portier*. — Il y a un tas de gens qui s'introduisent comme cela........ D'où venez-vous ?

— Je viens de chez la couturière.

— Elle n'y est pas, — qu'est-ce que vous lui vouliez ?

— Ah! dit Thémistocle, avec sa voix de théâtre, — mettant la main dans son habit et reculant d'un pas :

> Je t'en ai dit assez, épargne-moi le reste.
> Je meurs, pour ne point faire un aveu si funeste.

Quel âge avez-vous?

— Qu'est-ce que ça vous fait ?

— Si vous êtes encore en vie quand elle rentrera, dites-lui que je suis venu pour la voir.

Il avait *croisé* dans la rue pendant plus d'une heure, — les yeux fixés sur la porte. — Enfin, de guerre lasse, — il s'était décidé à remonter à *Venise*. Où peut-elle être? — se demandait-il ; toute la journée absente ; j'ai eu tort de me moquer de la portière. — Je ne joue pas ce soir, — quoi faire? Ah! — *la Vertu même* est à la campagne. — Je vais appeler Mélin. Il frappe à la porte de l'armoire.

— Ohé ! Raphaël !... Il n'entend pas.

Il tira le lit, arracha le clou et ouvrit l'armoire.

Il y trouva mademoiselle *Trois Étoiles* blottie, — le visage caché dans les deux mains et baigné de larmes.

— Tiens, — tiens, — tiens, — tiens ! le gas Mélin serre des femmes dans l'armoire, — dit-il à demi-voix. — Il prit l'inconnue par le bras et la tira dehors plus morte que vive. — Elle tomba à genoux les mains jointes. — Oh ! mon Dieu, — c'est elle, c'est *Tant de charmes.*

— Quoi, monsieur ! c'est vous ; — oh, je vous en prie, — ayez pitié de moi, — sauvez-moi.

Pélissier la fit asseoir sur son lit, — la rassura, — écouta l'explication de cette rencontre dans une armoire, — lui fit croire qu'elle ne pourrait quitter *Venise* tant qu'il ferait jour, à cause de madame Mélin et de ses fureurs ; — il lui parla de son amour, — retournant en prose tous les vers de tragédie dont il avait la cervelle farcie. — *Tant de charmes* fut toute glorieuse d'apprendre que son amoureux était un acteur ; — elle ne connaissait rien de si beau, — de si grand, — de si noble qu'un acteur ; — elle n'était guère allée au théâtre, et elle y avait tout pris au sérieux. — Depuis les malheurs de l'*ingénue* jusqu'à *la bravoure,* — *la noblesse* et les beaux habits des *jeunes premiers.* — Un acteur, pour elle, était un homme de tout point supérieur aux autres hommes. — Du reste elle avait remarqué depuis longtemps Pélissier ; — elle lui montra sa lettre qu'elle avait toujours portée dans son corset. — Pélissier lui demanda *sa main* en style emphatique et de la voix que vous savez ; — elle lui permit de venir la voir — et s'en alla toute tremblante et tout orgueilleuse d'avoir inspiré de l'amour à un acteur, — à un acteur qui allait l'épouser.

Quand il fut seul, — Thémistocle — se dit : Ah ! Raphaël, mon ami, — votre *Trois Étoiles* n'était autre que *Tant de charmes,* — et..... mon futur honneur conjugal l'a échappé belle, — pourvu qu'il l'ait échappé... — Elle paraissait bien naïve et bien vraie.

A ce moment, de l'autre côté du mur, — Mélin venait d'obtenir de sa femme qu'elle allât dans la chambre de Pélissier, qu'il avait entendu rentrer, voir si sa robe de chambre y était. — Elle devait y être, il se rappelait l'y avoir laissée, — elle ne pouvait être que là, — il ne pouvait laisser sa toile à ce moment, — et il avait froid; — pendant ce temps il espérait faire échapper la jolie captive. — Pélissier, qui prêtait l'oreille, crut que madame Mélin allait venir et fut saisi de peur ; — comment lui dire ce qu'il avait fait de la robe de chambre ? — Il crut l'entendre marcher sur la terrasse, — la clef était à la porte, — il se blottit dans l'armoire où il tint la porte avec les deux mains.

A peine y était-il que Mélin l'ouvrit de l'autre côté. — Allons, mademoiselle, — vite, — sauvez-vous, — nous n'avons pas un instant à perdre.

Mais quelle fut la stupéfaction de Rodolphe Mélin, — quand il vit, de l'armoire où il avait enfermé la jolie couturière, sortir son honorable ami Thémistocle Pélissier.

Il resta semblable à ce brave homme, qui, arrêté devant un escamoteur, consent à prêter sa montre pour un tour merveilleux, — et qui, — sur l'invitation du prestidigitateur, — plongeant sa main dans le gobelet où il l'a mise, — n'en retire qu'un oignon ou une queue de lapin.

. . . .

J'avais commencé cette histoire en riant, mais

la voici qui devient triste, — je vais en dire la fin en quelques lignes — le triste est souvent commun.

Le comédien n'épousa pas Julienne, parce qu'il n'avait pas cru devoir satisfaire aux lois sur la conscription, — et qu'on l'eût inévitablement inquiété à ce sujet, s'il se fût présenté à la mairie. Elle n'en vint pas moins au bout de quelque temps habiter sa chambre, — où elle fit régner un peu d'aisance. Thémistocle resta vaniteux et fainéant. — Julienne travailla pour deux le jour et la nuit, — tandis que lui allait dans les estaminets jouer au billard, orné des bagues de *Tant de charmes*. — Comme le travail de cette pauvre femme ne suffisait pas aux dépenses de monsieur, elle se défit petit à petit de tous les bijoux et des robes qu'elle avait gagnés pendant qu'elle était fille. Thémistocle, trouvant toujours son dîner prêt, ne demandait pas seulement comment il était venu. Pendant ce temps, la femme du peintre, qui laissait parfaitement sortir Rodolphe avec des trous aux coudes, mais qui était légitimement mariée, traitait la pauvre Julienne avec le mépris le plus insultant. —

Thémistocle n'eut bientôt plus aucun égard pour sa femme. — Il lui déroba ses derniers bijoux pour les donner à une figurante. — Au lieu de son nom de Julienne qu'il avait trouvé si joli, il ne l'appelait plus que madame *potage*. — Un jour il disparut. — *Tant de Charmes*, après deux jours de recherches et d'angoisses, apprit qu'il s'était embarqué pour la *Nouvelle-Orléans*, où il avait obtenu un engagement, — après avoir dépensé au café une partie des *avances* qu'il avait reçues pour son voyage. — Madame Mélin, après une scène violente, lui ordonna de quitter sa maison,— ne voulant pas plus longtemps *retirer* une *coureuse*, — une femme qui n'était pas mariée. — Ce dernier coup la rendit folle; la pauvre fille attendit le soir et alla se jeter à l'eau.

LA VIERGE NOIRE

A MADAME VICTOR HUGO.

Quand on va à Chartres, ou plutôt quand on passe par cette ville, après avoir traversé les vastes et monotones plaines de la Beauce, il vous arrive, pour vous récréer l'esprit, d'avoir à attendre pendant trois heures la voiture qui doit succéder à celle qui vous a amené de Paris. Si, au milieu de la mauvaise humeur que vous donne nécessairement cette annonce, que vous fait froidement le directeur des messageries, il vous advient d'apercevoir par-dessus les arbres de la promenade les deux clochers de l'église, je vous en félicite.

Je ne vous ferai pas la description de l'édifice.

Si, malgré la belle architecture de la cathédrale de Chartres, malgré l'étendue de sa nef, il est de plus belles églises, je n'en ai pas vu qui soit aussi pleine de recueillement et de mysticisme. Le bâtiment, presque coupé à jour comme une dentelle, est remarquable par le nombre, la beauté et l'éclat de ses vitraux, par les sculptures qui entourent la nef, par son pavé de mosaïque, dont les sinuosités, suivies souvent par la piété des fidèles, leur permettent de faire, sans sortir de l'église, un pèlerinage de plusieurs lieues, auquel sont attachées de pieuses indulgences. Mais ce dont j'ai à vous parler aujourd'hui, c'est d'un coin de l'église où brûlent perpétuellement des cierges bénits devant une madone noire, richement vêtue et étincelante de pierreries. On la nomme Notre-Dame des Miracles, et chacun des ornements qui la parent est un gage de la reconnaissance de ceux qui ont eu recours à sa puissante intercession.

Il y a plusieurs siècles, il y avait à Chartres une veuve jeune encore et très-belle, qui, repoussant toutes les offres d'un second engagement, avait consacré le reste de ses belles années à un fils sur lequel elle avait rejeté toute l'affection qu'elle avait portée à son mari. La nature et ses soins avaient fait de ce fils l'objet de l'envie de toutes les mères et de l'orgueil de la sienne ; en effet, il était beau et bien fait, d'une physionomie noble et douce à la fois, et tout montrait en lui le présage du plus heureux naturel.

Entre autres faveurs, il avait été doué de la voix la plus pure et la plus angélique que l'on eût jamais entendue ; et comme sa mère ne lui faisait chanter que de la musique sacrée, dont les paroles ne respiraient que l'amour filial le plus pur et le plus saint, et ne dépassaient pas la portée de sa jeune intelligence, il mettait à son chant une expression vraie et naturelle qui arrachait quelquefois des larmes aux quelques amis qu'avait conservés la jeune veuve.

Arriva le mois d'août, et l'évêque de Chartres lui-même vint prier la veuve de permettre que son fils chantât le jour de la plus grande fête de la Vierge. Son âge, la candeur et la beauté de sa figure, la douceur et la sainteté de son naturel, la suave pureté de sa voix, lui donnaient tant de ressemblance avec les anges, que son hommage ne pouvait manquer d'être agréable à la Mère du Christ, et de toucher à la fois les enfants et les mères qui assisteraient à cette belle cérémonie.

Le jour de l'Assomption, la mère, qui, en mettant son mari dans la tombe, avait enseveli avec lui tout désir de plaire, et n'avait jamais quitté ses vêtements de deuil, retrouva sa coquetterie de jeune femme pour parer son enfant.

En effet, après que la procession, aux sons noblement religieux dont l'organe remplissait la nef, se fut arrêtée devant l'autel de Marie, les enfants de chœur cessèrent un moment de jeter des fleurs, et du milieu de la foule de jeunes garçons de son âge, le petit Jean s'avança, vêtu d'une tunique blanche, ses longs cheveux blonds ruisselants sur les épaules, et retenus sur son front par une bandelette bleue. Il baisa respectueusement le pavé de l'autel, puis il leva vers la Vierge ses beaux yeux brillants d'attendrissement.

Alors, dans toute l'église on n'entendit respirer personne, tout le monde était oppressé, et

Jean, d'une voix pure, expressive, et telle qu'on se figure celle des anges, chanta :

Regina cœli, lætare, alleluia,
Quia quem meruisti portare, alleluia, etc.

Sa mère pleurait de bonheur. Quand arriva la fin de l'hymne *Gaudere : et lætare, o Virgo Maria!* les enfants de chœur jetèrent sur lui les roses effeuillées qui restaient dans leurs corbeilles, et il se trouva couvert d'un nuage parfumé. Mais quand le nuage fut dissipé, il n'y avait plus rien sous les fleurs, et Jean était disparu. Quelques efforts qu'on fit, il fut impossible de le retrouver. Sa mère et ses amis coururent toute la ville, les magistrats le firent chercher partout, mais tant de soins restèrent infructueux. La pauvre veuve alors refusa de voir personne; elle elle passait les journées à prier sur la dalle où elle avait vu son fils pour la dernière fois, et les nuits à pleurer et à songer, quand la fatigue appesantissait ses yeux et la forçait à dormir, qu'elle voyait son petit Jean au ciel, chantant sur des nuages roses au milieu des concerts des anges.

Mais les malheurs viennent fondre sur les

malheureux avec la même constance que les sources descendent dans les fleuves. La famille de son mari, qui n'avait jamais consenti à son mariage, lui réclama par voie judiciaire tout le bien de son mari, qu'elle n'avait conservé qu'en qualité de tutrice de son fils, et, après un long procès, elle fut complétement ruinée. La pauvre femme y fit peu d'attention : son mari et son enfant avaient emporté son cœur et son âme, et n'avaient rien laissé en elle qui pût sentir sur la terre. Elle vécut misérablement de la vente de quelques bijoux que l'on n'avait pu lui enlever, et ne manqua pas un seul jour de venir prier dans l'église devant l'autel de la Vierge.

Il arriva que tous ses bijoux furent vendus, et qu'il ne resta plus rien au monde dont elle pût vivre. Elle eut recours aux parents de son mari, mais pas un d'eux ne daigna seulement l'entendre.

Il ne lui restait plus que le portrait de son mari et celui de son petit Jean; mais elle serait morte cent fois avant de consentir à les vendre.

Elle n'avait pas mangé depuis deux jours. Elle se traîna péniblement à l'église, s'agenouilla sur la dalle, et se mit à prier la Vierge de la faire mourir là, et de la réunir à son fils.

Malgré elle, elle fut distraite par un grand mouvement qui se faisait dans l'église; on couvrait tout de branchages verts et de fleurs, on parait surtout l'autel de la Vierge.

C'était le jour de l'Assomption, l'anniversaire du jour où elle avait perdu son fils. Elle remercia la Vierge, en songeant qu'elle allait mourir ce jour-là, puis elle se mit dans un coin et se couvrit la tête de son voile de veuve.

Quelques personnes la reconnurent, et n'osèrent la troubler dans son pieux recueillement. Seulement on s'entretenait tout bas de son malheur, et, d'après le bruit public, on accusait les parents de son mari d'avoir fait disparaître l'enfant pour s'emparer de sa fortune.

La cérémonie commença.

La mère ne pleurait pas; seulement, avec une joie indicible, elle se sentait affaiblir à mesure que la cérémonie s'avançait.

La procession se fit comme de coutume, puis s'arrêta devant la chapelle de la Vierge. Alors l'orgue remplit l'église d'une céleste harmonie, l'encens et les fleurs couvrirent les dalles de l'église.

Il y eut un moment de silence, pendant lequel on n'entendit plus rien que les sanglots de la pauvre veuve.

Tous les yeux se tournèrent vers elle, et on la vit mourante, pâle et déguenillée, elle qu'on avait vue si heureuse et si belle un an auparavant. Tout à coup, au milieu du silence, s'éleva, pure et suave comme la voix des anges, une voix qui chanta :

Regina cœli, lætare, alleluia,
Quia quem meruisti portare, alleluia,
Resurrexit, sicut dixit, alleluia.

La mère tomba à la renverse, et toute l'assistance se mit à genoux en pleurant, car l'ange qui chantait, c'était le petit Jean, sur la même dalle, vêtu de sa tunique blanche, ses longs cheveux blonds encore ruisselants sur ses épaules, et retenus sur son front par une bandelette bleue.

La mère rampa sur ses genoux jusqu'à lui, et le saisissant avec force, semblait craindre qu'on vînt le lui arracher. Les enfants de chœur couvrirent la mère et l'enfant d'une pluie de roses ; et, du milieu de l'assemblée, l'évêque, appliquant à la veuve les paroles de l'hymne à la Vierge, prononça d'une voix noble et imposante :

> .... Réjouis-toi,
> Car celui que tu as porté dans ton sein
> Est ressuscité...

L'orgue reprit alors ses mélodies, et jamais plus nombreuse assemblée ne pria avec tant d'onction et de foi.

Le petit Jean raconta son enlèvement comme un songe qui avait laissé peu de traces dans son souvenir. Il se rappelait seulement qu'une femme, plus belle encore que sa mère, quoique son visage fût noir, l'avait nourri d'un miel délicieux, et qu'il avait mêlé sa voix à des concerts plus harmonieux que ceux de la terre.

On fouilla la dalle sur laquelle avait reparu l'enfant de chœur, et l'on trouva cette statue de la Vierge noire.

LE

MOINE DE KREMSMÜNSTER

A CHENAVARD.

I

Près de Lintz, dans la Suisse autrichienne, est un riche couvent de Bernardins, appelé *Kremsmünster*. Ce couvent a été fondé par un prince bavarois dont le fils fut tué par un sanglier. Un bas-relief d'une médiocre exécution consacre la mémoire de l'accident. L'artiste a pris tellement de place pour son héros, qu'il ne lui en est presque pas resté pour le sanglier vainqueur, et qu'il en a fait une sorte de cochon de lait.

Le couvent est entouré d'un large fossé dans

lequel on pêche les meilleurs poissons du pays. Des canards sauvages y font leur nid et couvrent l'étang avec leur famille. Tout le pays à l'entour appartient aux pères; pays de belle chasse s'il en fut jamais.

Il y a dix ou douze ans je sortais du couvent, où j'étais allé rendre visite à l'un des moines, savant horticulteur dont la collection d'œillets est une des plus belles et des plus riches qui soient en Europe ; je vis à peu de distance quatre enfants vêtus de noir, quatre petites filles dont la plus âgée paraissait avoir douze ans. Une domestique les accompagnait; elles se tenaient près d'un tombeau récent, car, seul de tous ceux qui se trouvaient là, il n'était pas encore recouvert d'herbe.

La cloche des Bernardins sonna la prière du soir, et les quatre petites filles se mirent à genoux, et toutes quatre ensemble, courbant leurs têtes blondes, prononcèrent de leur voix enfantine la prière pour les morts :

Grosser Gott! erbarme dich der lieben Verblichenen, etc. « Grand Dieu ! prends pitié de nos chers morts ; » etc.

Je me découvris la tête et je répétai la prière avec elles; puis, quand elles se furent relevées, j'interrogeai la bonne. Les pauvres petites avaient perdu leur mère, morte d'une maladie de poitrine un mois auparavant; et leur père, en voyage, ne connaissait pas encore le sort d'une femme qu'il idolâtrait. J'embrassai les jolies enfants, et je les quittai attendri de l'impression de tristesse qui était restée sur leurs fraîches figures roses. Toutes quatre étaient jolies, et quoiqu'on ne pût dire qu'elles se ressemblassent, on les aurait reconnues pour sœurs au milieu d'une foule.

Huit années se passèrent. Le hasard me ramena dans la Suisse autrichienne, et je m'empressai d'aller voir le moine et ses œillets.

Rien n'avait changé pour lui; à peine quelques cheveux blancs paraissaient dans son épaisse chevelure; ses plates-bandes venaient de s'enrichir de plusieurs sujets rares et précieux. C'était au mois de juillet, et les œillets se trouvaient en pleine fleur. Le moine était le plus heureux des hommes.

— Voyez, mon ami, me disait-il, cette gaie

verdure et ces nombreux pétales, d'une si précieuse étoffe que la pourpre des rois n'est auprès guère plus fine que la laine de nos robes, et dont les couleurs sont plus suaves et plus riches que celles des pierres précieuses. Tout cela était renfermé dans une graine noire presque impalpable. Certes, mon ami, celui qui plante et celui qui arrose travaillent inutilement, si Dieu, par sa sainte bénédiction, ne fait croître et profiter ce qu'ils cultivent.

Entre les conquêtes nouvelles du moine, deux beaux œillets n'avaient pas encore été nommés; tous deux avaient le fond blanc, l'un était panaché d'un beau jaune orangé, l'autre semé de points d'un pourpre presque noir.

— Mon ami, me dit le moine, puisque je vous revois, vous partagerez mes plaisirs; je nommerai un de ces œillets, et vous, vous nommerez l'autre. Il n'est pas de plus touchante manière de fixer une pensée ou un souvenir.

J'appellerai le mien du nom de mon saint patron, et à cause de ses lignes dorées, *Auréole de sanct' Johann.*

Quel nom donnerez-vous au vôtre?

— Mon cher père, lui dis-je, attendons encore quelque temps, et j'y attacherai peut-être un beau souvenir; peut-être, chaque fois que fleurira cet œillet, aurai-je à adresser au ciel de sincères actions de grâces ; je l'appellerai d'une date, et s'il est quelque chose de réel et de stable dans les espérances humaines, si la fleur de l'amandier est un garant du fruit, je l'appellerai *Premier décembre.* — C'est bien froid pour mon pauvre œillet, dit le moine en souriant. — Mon père, repris-je, le soleil de l'été ne réchauffe pas toujours le cœur, et le jour le plus brumeux a son soleil pour l'homme heureux.

Comme je sortais du couvent, vers le déclin du jour, la cloche sonna l'heure de la prière du soir, et j'entendis prononcer :

Grosser Gott! erbarme dich der lieben Verblichenen. « Grand Dieu ! prends pitié de nos chers morts. »

Je me retournai, et je vis deux jeunes filles vêtues de noir agenouillées près d'une tombe; une vieille domestique se tenait derrière elles à quelque distance.

Je m'approchai, je me découvris la tête et je dis avec elles :

« Grand Dieu! prends pitié de nos chers morts. »

Elles me saluèrent d'un gracieux signe de tête en signe de remercîment, et partirent.

Quand elles furent parties, je m'efforçai de lire l'inscription placée sur la pierre ; voici ce qu'il y avait :

Une mère !

Un père !

Deux enfants !...

Je rejoignis les deux jeunes filles. En voyant le tombeau, j'avais retrouvé un souvenir.

Il y avait huit ans, j'avais vu quatre enfants toutes jeunes et vêtues de noir près de ce même tombeau.

Je ne me trompais pas.

— Monsieur, me dit la plus jeune des deux, des quatre enfants deux sont déjà dans cette tombe ; les deux autres, vous les avez entendues prier.

Et chacune des deux sœurs jeta sur l'autre un regard furtif; chacune craignait de voir sur le visage de l'autre les symptômes de la maladie qui semblait devoir moissonner toute cette famille.

— Heureusement, dit la plus jeune, ma sœur se porte bien. — Heureusement, dit l'aînée, Marthalena est rose et fraîche plus qu'aucune autre fille.

Quelques jours après, je buvais du lait chez une vieille femme, quand Marthalena entra suivie de sa bonne. En la voyant sans sa sœur, je sentis un froid mortel s'emparer de moi. Mon Dieu! pensai-je, serait-elle maintenant seule?

Mais je ne tardai pas à me rassurer; loin qu'elle eût une nouvelle perte à déplorer, le temps de son deuil était écoulé, elle était vêtue de blanc. Sa sœur ne l'accompagnait pas, parce que c'était elle qui, chaque soir, se chargeait de certains détails du ménage. Pour elle, depuis quelque temps, on lui avait ordonné de boire du lait, et elle obéissait volontiers à une prescription qui lui fournissait le prétexte et l'occasion d'une promenade à la plus belle heure du jour, au coucher du soleil.

L'un et l'autre nous venions tous les jours

chez la vieille femme; elle me saluait avec un sourire amical et paraissait contente de me voir.

Je ressentais pour elle une vive amitié, mêlée d'un indéfinissable sentiment de tristesse. Dans l'espace d'un mois, ses joues s'étaient creusées; à ses fraîches couleurs avaient succédé des couleurs plus dures et plus sombres. J'aimais à lui procurer quelque amusement par mes récits, par tous les moyens que je pouvais imaginer. Je voulais presser un peu les plaisirs dans le court espace de temps qu'elle avait peut-être à vivre. Puis je me laissai prendre à une idée d'une sottise achevée : je me figurai qu'il serait ridicule aux yeux de tout le monde, à ceux de Marthalena elle-même, qu'un homme aussi jeune que moi passât toutes ses soirées à la campagne, seul avec une fille jeune et jolie, sans lui faire la cour; si bien qu'un jour je lui fis une déclaration d'amour en *lieux communs*. Elle parut étonnée, et dans sa surprise il y avait de la tristesse; elle baissa les yeux, rêva un moment, et me dit :

II

— J'en suis fâchée, car je ne vous aime pas, je ne vous aime pas d'amour. J'en aimais un autre avant de vous connaître; j'attends mon promis, il viendra dans deux mois.

Je rougis un peu et je me mordis les lèvres mais elle ajouta avec un naturel charmant et du ton le plus amical, en tirant un médaillon de son sein et me le faisant voir des deux côtés :

— Tenez, *mon ami*, voilà son portrait et voilà de ses cheveux.

Elle regarda quelque temps le portrait et remit le médaillon dans son sein, puis elle ajouta tristement :

— Je suis bien fâchée que vous m'aimiez; j'avais arrangé cela autrement : vous auriez été *son* ami, *notre* ami; vous l'auriez aimé.

Il y avait dans le son de sa voix quelque chose de si vrai, de si profondément senti, que je sacrifiai ma vanité et exposai un peu la sienne.

— Marthalena, lui dis-je, je vous ai parlé comme un écervelé; pardonnez-moi de vous avoir traitée comme on traite toutes les femmes d'ordinaire; il m'a semblé qu'un jeune homme ne pouvait rester auprès d'une jolie fille comme vous sans lui faire la cour; mais, quoique vous possédiez tout ce qui peut tourner la tête et captiver le cœur, quoique vous me soyez chère sous une foule de rapports, je vous ferai un aveu qu'à aucune autre femme je n'oserais faire : je ne vous aime pas d'amour ; je veux être *son ami*, votre ami. — Oh ! tant mieux, dit-elle.

Et elle me tendit la main.

— Et que faites-vous ici ? — J'attends, dis-je, une lettre qui me rendra peut-être bien heureux. C'est aussi d'un mariage qu'il s'agit pour moi, et, à moins d'un accident que rien ne semble annoncer, je serai marié le 1er décembre. — Je suis ravie, répéta-t-elle, que vous soyez promis, cela me permet de laisser voir mon amitié pour vous. Oh ! vous aimerez Wilhelm, et Wilhelm vous aimera ! Il est si beau, si bon, si brave, si généreux !

Souvent elle me montra le portrait de son promis : c'était, en effet, une douce et heureuse physionomie.

Moi, je lui parlais aussi de la femme que j'aimais; moins heureux qu'elle, je n'avais pas de portrait, mais elle m'écoutait si bien, je lui parlais si longuement, qu'elle la connaissait, et qu'elle assurait qu'elle la reconnaîtrait, si le hasard la lui faisait rencontrer.

Quelquefois sa sœur venait avec elle, et il ne me fut pas difficile de voir qu'elle partageait mes inquiétudes. Elle observait Marthalena dans les moments où celle-ci ne pouvait la voir, et elle redoublait pour elle de caresses et de sentiments affectueux, lui évitant, sous les prétextes les plus ingénieux, jusqu'à la plus légère fatigue.

Pendant huit jours, Marthalena ne vint pas au verger de la vieille femme; quand je la revis, elle me dit qu'elle avait été malade; elle était horriblement pâle et amaigrie, et ses yeux scintillaient bizarrement dans leur orbite. Elle me montra une lettre de Wilhelm, son retour était retardé d'un mois.

— Un mois, dit-elle, c'est bien long!

Elle se tut quelque temps, mit la main sur sa poitrine, qui lui faisait mal, et dit:

— Un mois, c'est bien long!... Est-ce que je ne le reverrai pas?

Elle se prit à pleurer.

Je ne trouvai rien à dire d'abord, et je sentis quelques larmes rouler aussi dans mes yeux; mais je ne tardai pas à me reconnaître, et je lui dis tout ce que je crus capable de lui donner du courage et de la sécurité, et de lui rendre pour quelques instants les riantes idées qui semblaient la fuir en même temps que la santé.

Ce soir-là sa sœur était plus triste encore que de coutume, et quand nous nous séparâmes, ce qu'elle n'avait jamais fait, quoique Marthalena n'y manquât jamais, elle me serra la main.

Quelques jours après, je reçus une lettre. Au lieu de celle que j'attendais, c'était une lettre triste et menaçante. Un ami m'avertissait que des obstacles insurmontables se présentaient; je partis. Marthalena me dit en recevant mes adieux :

— Revenez quand vous aurez triomphé des obstacles, Wilhelm sera ici. Je me porte bien maintenant; le ciel a exaucé les prières de ma sœur, les vôtres et les miennes; je puis maintenant attendre Wilhelm ; la mort a un moment plané sur ma tête, j'ai senti l'ombre froide de ses ailes noires ; elle a passé outre.

Je la regardai ; jamais je ne l'avais vue aussi pâle, jamais ses yeux n'avaient brillé d'un feu aussi sombre ; je partis le cœur serré.

Pour moi, je ne trouvai que sujets de larmes et de désespoir. Tout était perdu ; je crus que je deviendrais fou de rage et de douleur, puis je tombai dans l'abattement, et une torpeur plus triste mille fois que le désespoir. Je fus quelque temps malade ; puis on prétexta le soin de quelques affaires pour m'envoyer dans la Suisse autrichienne.

Je n'eus rien de si pressé que d'aller voir mon ami le moine au couvent de Kremsmünster, si ce n'est toutefois de voir Marthalena, de lui raconter mes malheurs et de pleurer avec elle. Mais la vieille femme du verger n'y était plus, et je remis au lendemain à aller voir les deux sœurs.

Je me dirigeai donc vers le couvent et je hâtai le pas, car je craignais de ne pouvoir arriver avant la prière du soir. En effet, comme j'approchais, à cause des jours plus courts, je distinguais avec peine les flancs de l'édifice. Mais j'entendis tinter la cloche.

— Allons, dis-je, il faut que j'attende que la prière soit récitée, car les pères n'avaient pas coutume d'admettre des étrangers pendant le temps consacré aux exercices religieux.

La soirée était belle, il ne restait à l'horizon qu'une lueur purpurine qui s'effaçait; tout le reste du ciel s'étoilait magnifiquement.

Comme je contemplais en marchant cet imposant spectacle, j'entendis une voix qui disait :

Grosser Gott! erbarme, etc.

« Grand Dieu! prends pitié de nos chers morts. »

Cette voix me fit tressaillir.

Je m'approchai, et agenouillée près d'une tombe, je vis une jeune fille vêtue de noir.

Une vieille femme était derrière elle.

Je m'approchai encore, c'était la sœur de Marthalena. Elle me reconnut, et, se jetant dans mes bras en pleurant, elle me montra le tombeau et me dit :

— Wilhelm n'arrivera que demain.

Nous priâmes ensemble sans nous rien dire.

La lune cependant se levait derrière de gros tilleuls; elle éclaira le tombeau et aussi le visage de la jeune fille. Son visage était pâle et amaigri comme celui de Marthalena le jour de mon départ.

Hélas! me dis-je quand je l'eus quittée, qui la pleurera, elle, la dernière?

J'ajoutai le soir à ma prière la promesse de rester pour faire au moins une prière sur le tombeau de la dernière des quatre sœurs, car celle-ci était déjà atteinte, et à un haut degré, du mal héréditaire qui avait fait de si horribles ravages dans sa famille.

Le lendemain j'allai au couvent, tout préoccupé encore de ces tristes impressions et de mon propre malheur.

Le moine me reçut avec un sourire bienveillant.

— Eh bien! dit-il, quel nom donnons-nous à l'œillet?

— Mon père, lui dis-je, ses pétales sont tachés de larmes de la couleur du sang; appelez-le *Bonheur de l'homme*.

Sans doute plusieurs voyageurs, en admirant la riche collection du moine de Kremsmünster, ont entendu ce nom sans soupçonner quels tristes souvenirs il rappelle à quelqu'un qui est aujourd'hui bien loin de là.

FIN